# FRANKFURTER WIRTSCHAFTS- UND SOZIALWISSENSCHAFTLICHE STUDIEN

## Heft 23

AF141326

Herausgegeben von der
Wirtschafts- und Sozialwissenschaftlichen Fakultät
der Johann Wolfgang Goethe-Universität
Frankfurt am Main

# Die Investitionsentscheidung bei Unsicherheit

Von

**Dr. Heinz Teichmann**

**DUNCKER & HUMBLOT / BERLIN**

# Vorwort

Die Aufgabe dieser Arbeit ist eine doppelte: zum einen soll sie das Entscheidungsproblem bei unsicheren Erwartungen verstehbar machen, zum anderen, und das ist die ungleich wichtigere Aufgabe, soll sie das folgerichtige Vorgehen bei dessen Bewältigung zeigen. Die Arbeit enthält dazu eine explikative und eine präskriptive Theorie. Die explikative Theorie kann dabei als die Stufe vor der präskriptiven Theorie angesehen werden, denn um ein Entscheidungsproblem bewältigen zu können, muß man wissen, worin es überhaupt besteht.

Der präskriptive Teil der Arbeit ist dreigeteilt. Zuerst wird die Formulierung des Entscheidungsproblems behandelt. Dieses Problem ist in der Literatur bisher vernachlässigt worden. Darauf näher einzugehen ist jedoch unumgänglich, da die richtige Formulierung des Entscheidungsproblems die Voraussetzung für dessen richtige Lösung ist.

Es wird dann die Lösung des Entscheidungsproblems erörtert, und zwar zunächst die Frage, welche der möglichen Entscheidungsalternativen schlechter sind als andere und deshalb keinesfalls gewählt werden dürfen und danach die Frage, welche der verbleibenden Alternativen die optimale ist.

Das Entscheidungsproblem ist zweistufig: es ist zunächst darüber zu entscheiden, ob die Information fortgesetzt werden soll; erst wenn der Disponent optimal informiert ist, kann er die zu realisierende Investition bestimmen. Der präskriptive Teil enthält daher sowohl eine Anweisung zur Bestimmung der optimalen Information, als auch eine Anweisung zur Bestimmung der bezüglich dieser Information optimalen Investition.

Die Arbeit entstand in den Jahren 1965 bis 1968 am Seminar für Treuhandwesen der Johann Wolfgang Goethe-Universität in Frankfurt/Main. Sie wurde im Juli 1968 von der Wirtschafts- und Sozialwissenschaftlichen Fakultät dieser Universität als Dissertation angenommen.

Dank schulde ich Herrn Professor Dr. Adolf Moxter für Anregung und Betreuung der Arbeit.

Heinz Teichmann

# Inhaltsverzeichnis

# Verzeichnis sich wiederholender Symbole

| | |
|---|---|
| $A, a$ | Auszahlungen |
| $B, b$ | Einzahlungen |
| $b_r$ $\quad r = 1, 2, \ldots$ | Minimum bzw. Maximum der Restriktion $r$ |
| $E, e$ | Entnahmen |
| $k_j$ $\quad j = 1, 2, \ldots$ | Konstellation der Umweltmaßnahmen $y_{pqt}$ |
| $p_j$ $\quad j = 1, 2, \ldots$ | Wahrscheinlichkeit von $k_j$ bzw. $e_j$ |
| $H(E)$, auch kürzer $H, h$ | Höhe der Entnahmeerwartung |
| $S(E)$, auch kürzer $S, s$ | Sicherheit der Entnahmeerwartung |
| $M$ | Macht |
| $k_h, k_s$ | Kosten von $H$, Kosten von $S$ |
| $St(E)$ | zeitliche Struktur eines Mittels, hier $E$ |
| $U$ | Unabhängigkeit |
| $u$ | Nutzen |
| $Z, z$ | Zielrealisierungsgrad |
| $Z$ indiziert, bspw. $Z_0$ | Unternehmenszustand in $t_0$ |
| $t$ $\quad t = 1, 2, \ldots, n$ | Zeitpunkt |
| $x_i$ $\quad i = 1, 2, \ldots$ | Objekt, Maßnahme (eine in $t$ zu realisierende Kombination komplementärer Objekte), Strategie (eine Folge von in den Zeitpunkten $t$ zu realisierender Maßnahmen) |
| $y_{pqt}$ | Maßnahme $p$ des Umweltmitgliedes $q$ in $t$ |
| $\varphi$ | Faktor für die individuelle Entnahmepräferenz |
| $\lambda$ | Faktor für die individuelle Sicherheitspräferenz |
| $\mu$ | Erwartungswert |

# Verzeichnis verwendeter Abkürzungen

| | |
|---|---|
| AER | The American Economic Review |
| BFuP | Betriebswirtschaftliche Forschung und Praxis |
| DÖB | Der Österreichische Betriebswirt |
| EJ | The Economic Journal |
| HdSW | Handwörterbuch der Sozialwissenschaften |
| JoAm.Stat.Ass. | Journal of the American Statistical Association |
| JoB | The Journal of Business |
| JoF | The Journal of Finance |
| JoPE | The Journal of Political Economy |
| MS | Management Science |
| OR | Operations Research |
| Psych.Rev. | Psychological Review |
| QJoE | The Quarterly Journal of Economics |
| Rev.Econ.Stud. | The Review of Economic Studies |
| Schweiz.Zf-Volksw.uStat. | Schweizerische Zeitschrift für Volkswirtschaft und Statistik |
| ZfB | Zeitschrift für Betriebswirtschaft |
| ZfhF | Zeitschrift für handelswissenschaftliche Forschung |
| ZfbF | Zeitschrift für betriebswirtschaftliche Forschung |
| ZfdgStaatsw. | Zeitschrift für die gesamte Staatswissenschaft |
| ZfN | Zeitschrift für Nationalökonomie |

# Problemstellung

Da der Blick in die Zukunft verwehrt ist, man im vorhinein also nicht weiß, welchen Wert die Variablen annehmen werden, vermag man, gemessen an einer im nachhinein vorgenommenen Analyse, nicht oder nur zufällig so zu entscheiden, daß der Erfolg der größtmögliche ist.

Für die ökonomische Theorie besteht somit die Aufgabe zu erklären, wie die Wirtschaftssubjekte entscheiden, wenn die künftigen Werte der Variablen unbekannt sind (explikative Theorie), und zu zeigen, wie sie vernünftigerweise entscheiden sollten (präskriptive Theorie)[1].

Die Untersuchung ist auf Investitionsentscheidungen beschränkt.

Die Entscheidung[2] wird verstanden als die Wahl einer und nur einer Investition aus einer Menge alternativer Investitionen.

Die Investition[3] kann begrifflich wesens- und umfangsmäßig gekennzeichnet werden. Wesensmäßig ist eine Investition mit „present sacrifice for future benefit"[4] charakterisiert. Das Opfer ist der Verzicht auf gegenwärtige Entnahmen; der Vorteil bestimmt sich aus den künftig möglichen Entnahmen, die das gegenwärtige Opfer induziert.

---

[1] Vgl. etwa *Schneider*, D[ieter]: Zur Theorie unternehmerischer Investitionsentscheidungen bei unsicheren Erwartungen, in: ZfhF, N. F., 12. Jg. (1960), S. 85—88; *Gäfgen*, Gérard: Theorie der wirtschaftlichen Entscheidung, Tübingen 1963, S. 53 ff. und 79 ff.; zu methodologischen Fragen vgl. etwa *Albert*, Hans: Probleme der Theoriebildung, in: Theorie und Realität. Ausgewählte Aufsätze zur Wissenschaftslehre der Sozialwissenschaften, hrsg. von Hans Albert, Tübingen 1964, S. 3—70; *Moxter*, Adolf: Methodologische Grundfragen der Betriebswirtschaftslehre, Köln und Opladen 1957; *Wöhe*, Günter: Methodologische Grundprobleme der Betriebswirtschaftslehre, Meisenheim am Glan 1959.

[2] Zum Begriff der Entscheidung vgl. *Bott*, Dietrich: Allgemeine und historische Betrachtungen zum Entscheidungsbegriff, in: Statistische Hefte 3. Jg. (1962), S. 1—38; Arbeitskreis Hax der Schmalenbach-Gesellschaft: Wesen und Arten unternehmerischer Entscheidungen, in: ZfbF Jg. 16 (1964), S. 685—715.

[3] Zum Begriff der Investition vgl. *Meinhold*, Helmut: Investitionen, in: HdSW 5. Bd., hrsg. von Erwin v. Beckerath u. a., Stuttgart, Tübingen, Göttingen 1956, S. 333—346; *Heinen*, Edmund: Zum Begriff und Wesen der betriebswirtschaftlichen Investition, in: BFuP 9. Jg. (1957), S. 16—31 und 85—98; *Pack*, Ludwig: Betriebliche Investition. Begriff — Funktion — Bedeutung — Arten, Wiesbaden (1959).

[4] *Hirshleifer*, J[ack]: Investment Decision under Uncertainty: Choice Theoretic Approaches, in: QJoE Vol. 79 (1965), S. 509—536, hier S. 509.

Versteht man die Investition als eine Verwendung knapper Mittel[5], so kann sie umfangsmäßig durch die Art der knappen Mittel und die Art der Verwendung der knappen Mittel eingegrenzt werden, die man gerade noch unter dem Begriff subsumieren will.

In der Literatur wird oft nur die Umwandlung von Geld in anderes Vermögen als Investition bezeichnet[6]. Da der Investor aber nicht nur über Geld disponiert, bedingt eine befriedigende Behandlung des Entscheidungsproblems einen weiteren Investitionsbegriff; es soll neben der Verfügung über Geld die Verfügung über anderes, auch bereits im Unternehmen befindliches Vermögen als Investition verstanden werden.

Hinsichtlich der Art der Verwendung der knappen Mittel finden sich in der Literatur ebenfalls unterschiedlich weit gefaßte Begriffe. So wird oft nur die Bereitstellung von Sachgütern des Anlagevermögens[7] oder nur die Bereitstellung von Sachgütern des Anlage- und Umlaufvermögens[8] als Investition bezeichnet. Da jedoch die Bestimmung der besten aller möglichen Verwendungen Problem der Entscheidung ist, ist auch die Anlage in immateriellem, in finanziellem Vermögen und in liquiden Mitteln unter dem Investitionsbegriff zu erfassen[9]; es wird jede Allokation von knappen Mitteln als Investition verstanden[10]. Problem der Untersuchung ist es also zu erklären, weshalb der Investor eine bestimmte der alternativen Verwendungen der knappen Mittel wählte, bzw. anzugeben, welche er vernünftigerweise wählen sollte.

Die Vorteilsströme, die die Vorteilhaftigkeit der Investitionen bestimmen und deshalb Gegenstand dieser Untersuchung sein müssen, realisieren sich erst in der Zukunft, und über die Zukunft weiß der Investors nichts[11]; entscheiden muß er aber gegenwärtig. Zwar weiß der Investor über die Zukunft nichts, doch führt sein Wissen (Information[12])

---

[5] Die Beschaffung der knappen Mittel ist dann als Finanzierung bezeichnet.

[6] Vgl. etwa *Schmalenbach*, Eugen: Kapital, Kredit und Zins in betriebswirtschaftlicher Beleuchtung, 2. Aufl., Köln und Opladen (1949), S. 96; *Gutenberg*, E[rich]: Der Stand der wissenschaftlichen Forschung auf dem Gebiet der betrieblichen Investitionsplanung, in: ZfhF, N. F., 6. Jg. (1954), S. 557—574; *Lohmann*, Martin: Einführung in die Betriebswirtschaftslehre, 2. Aufl., Tübingen 1955, S. 160.

[7] *Schmalenbach*: Kapital, Kredit und Zins in betriebswirtschaftlicher Beleuchtung, a.a.O.

[8] *Gutenberg*: Der Stand der wissenschaftlichen Forschung auf dem Gebiet der betrieblichen Investitionsplanung, a.a.O.

[9] So etwa auch *Lohmann*: Einführung in die Betriebswirtschaftslehre, a.a.O.

[10] Vgl. *Engels*, Wolfram: Betriebswirtschaftliche Bewertungslehre im Licht der Entscheidungstheorie, Köln und Opladen 1962, S. 110 u.f.

[11] *Wissen* ist im Gegensatz zur Erwartung vergangenheitsgerichtet; es ist die objektiv oder subjektiv zureichend begründete Überzeugung von der Existenz von Dingen und Vorgängen.

zu Erwartungen über die künftigen Vorteilsströme der Investitionen[13]. Diese Erwartungen sind zwar mehr oder weniger unsicher, sie sind dennoch die einzige Basis der Entscheidung.

Werden die Erwartungen des Investors als dessen Vorstellungen im gegenwärtigen Zeitpunkt über den Wert der Variablen in einem künftigen Zeitpunkt verstanden und ihre Sicherheit, wie in der Literatur üblich, durch Wahrscheinlichkeiten ausgedrückt, so lassen sich unsichere Erwartungen nach der Art der Wahrscheinlichkeiten unterscheiden[14]; fast alle Ansätze in der Literatur beruhen auf diesem auf Knight zurückgehenden Ansatz[15, 16].

Knight[17] unterschied zwei Fälle der Unsicherheit, den Fall des Risikos und den Fall der (echten) Unsicherheit. Risiko liegt nach Knight dann vor, wenn Wahrscheinlichkeiten a priori oder a posteriori, also

---

[12] Zum Begriff der Information vgl. *Wittmann*, Waldemar: Unternehmung und unvollkommene Information, Köln und Opladen 1959, S. 14.

[13] Zum Begriff der Erwartung und ihrer Bedeutung für die ökonomische Theorie vgl. *Shackle* G[eorge] L[ennox] S[harman]: Expectation in Economics, 2. Aufl., Cambridge 1952, S. 1; *Seidenfus*, H[ellmuth] St[efan]: Zur Theorie der Erwartungen, in: John Maynard Keynes als „Psychologe", hrsg. von G[ünter] Schmölders, H[ellmuth] St[efan] Seidenfus, R[udolf] Schröder, Berlin (1956), S. 97—162; *Georgescu-Roegen*, Nicholas: The Nature of Expectation and Uncertainty, in: Bowman, Mary Jean (ed.): Expectation, Uncertainty and Business Behavior, New York 1958, S. 11—29; *Modigliani*, Franco und Kalman J. *Cohen*: The Role of Anticipations and Plans in Economic Behavior and Their Use in Economic Analysis and Forecasting, Illinois 1961; *Wittmann*: Unternehmung und unvollkommene Information, a.a.O., S. 31 f.; *Ožga*, Andrew S.: Expectations in Economic Theory, Chicago (1965).

[14] Zum Wesen, zur Ermittlung und Bedeutung der Wahrscheinlichkeit für die Entscheidung s. S. 46 ff.

[15] *Knight*, Frank H.: Risk, Uncertainty and Profit, [Boston und New York 1921], Nachdruck New York 1964, S. 197—232.

[16] Vgl. etwa *Marschak*, J[acob]: Money and the Theory of Assets, in: Econometrica Vol. 6 (1938), S. 311—325; *Hart*, Albert Gailord: Risk, Uncertainty, and the Unprofitability of Compounding Probabilities, in: Studies in Mathematical Economics and Econometrics, Gedächtnisband für Henry Schultz, hrsg. von Oscar Lange, Francis McIntyre und Theodore O. Yntema, Chicago 1942, S. 110—118; *Hart*, Albert Gailord: Anticipations, Uncertainty, and Dynamic Planning, (Nachdruck) New York 1965; *Tintner*, Gerhard: The Theory of Choice under Subjective Risk and Uncertainty, in: Econometrica Vol. 9 (1941), S. 298—304; *Tintner*, Gerhard: A Contribution to the Non-Static Theory of Choice, in: QJoE Vol. 56 (1942), S. 274—306; *Tintner*, Gerhard: The Theory of Production under Nonstatic Conditions, in: JoPE Vol. 50 (1942), S. 645—667; *Tintner*, Gerhard: A Contribution to the Nonstatic Theory of Production, in: Studies in Mathematical Economics and Econometrics, Gedächtnisband für Henry Schultz, hrsg. von Oscar Lange, Francis McIntyre und Theodore O. Yntema, Chicago 1942, S. 92—109; *Tintner*, Gerhard: Ein Beitrag zur nicht-statischen Werttheorie, in: ZfN Bd. 14 (1954), S. 358—365. In der deutschen Literatur vgl. etwa *Albach*, Horst: Wirtschaftlichkeitsrechnung bei unsicheren Erwartungen, Köln und Opladen 1959; *Moxter*, Adolf: Bilanzierung und unsichere Erwartungen, in: ZfhF, N. F., 14. Jg. (1962), S. 607—632; *Gutenberg*, Erich: Unternehmensführung. Organisation und Entscheidungen, Wiesbaden (1962), S. 77/78.

[17] *Knight*: Risk, Uncertainty and Profit, a.a.O., S. 233.

objektive, Unsicherheit dann, wenn lediglich subjektive Wahrscheinlichkeiten für die möglichen Werte einer Variablen ermittelt werden können.

Knights System ist in der Literatur verschiedentlich erweitert worden (s. S. 17). So wurde es bspw. um den Fall erweitert, daß überhaupt keine Wahrscheinlichkeiten ermittelbar sind; Albach bezeichnete derartige Erwartungen im Gegensatz zu den subjektiv unsicheren Erwartungen bei Vorliegen subjektiver Wahrscheinlichkeiten als objektiv unsicher[18].

Hart[19] und Tintner[20] griffen eine Andeutung Knights[21] auf und unterschieden bei der subjektiven Wahrscheinlichkeit die einfache und die doppelte Wahrscheinlichkeit; eine doppelte Wahrscheinlichkeit entstünde, wenn die Wahrscheinlichkeit nicht zutreffend schätzbar sei, wenn also eine Wahrscheinlichkeit dafür angegeben werden müsse, daß die Schätzung zutreffend ist. Objektive und einfache Wahrscheinlichkeiten faßten sie unter Risiko zusammen, den Fall der sicheren und der Risikoerwartungen nannten sie einwertige Erwartung, und zwar deshalb, weil bei sicheren Erwartungen ohnehin mit nur einem Wert für die Variable gerechnet würde und im Risikofall die Parameter der Wahrscheinlichkeitsverteilung einwertig seien. Unter dem Begriff der echten Unsicherheit faßten sie dann die Fälle zusammen, in denen lediglich doppelte subjektive oder überhaupt keine Wahrscheinlichkeiten ermittelbar sind.

Das genannte terminologische System ist jedoch unbefriedigend[22]. Knight wollte wohl mit der Unterscheidung von Risiko und (echter) Unsicherheit nach der Art der Wahrscheinlichkeiten unterschiedliche Entscheidungssituationen kennzeichnen, mit Risiko diejenige, in der sich Entscheidungen, deren Resultate im einzelnen unsicher sind, derart zusammenfassen lassen, daß das Resultat für die Gesamtheit aufhört, unsicher zu sein[23], in der mit anderen Worten der Erwartungswert das richtige Entscheidungskriterium ist[24]. Zur Kennzeichnung dieser Entscheidungssituation ist die Ableitbarkeit objektiver Wahr-

---

[18] Vgl. etwa *Luce*, Duncan R. und Howard *Raiffa:* Games and Decisions. Introduction and Critical Survey, New York—London—Sidney (1957); *Miller*, David W. und Martin K. *Starr:* Executive Decisions and Operations Research, Englewood Cliffs, N. J., (1960); *Albach:* Wirtschaftlichkeitsrechnung bei unsicheren Erwartungen, a.a.O., S. 4.

[19] Vgl. die in Fußn. 16, S. 15 genannte Literatur.

[20] Vgl. die in Fußn. 16, S. 15 genannte Literatur.

[21] *Knight:* Risk, Uncertainty and Profit, a.a.O., S. 226/227.

[22] Zur Kritik vgl. auch *Foldes*, Lucien: Uncertainty, Probability and Potential Surprise in: Economica, N. S., Vol. 25 (1958), S. 246—254.

[23] Das ist aus dem von *Knight:* Risk, Uncertainty and Profit, a.a.O., S. 213 gegebenen Beispiel zu folgern.

[24] Vgl. S. 108 f. dieser Arbeit.

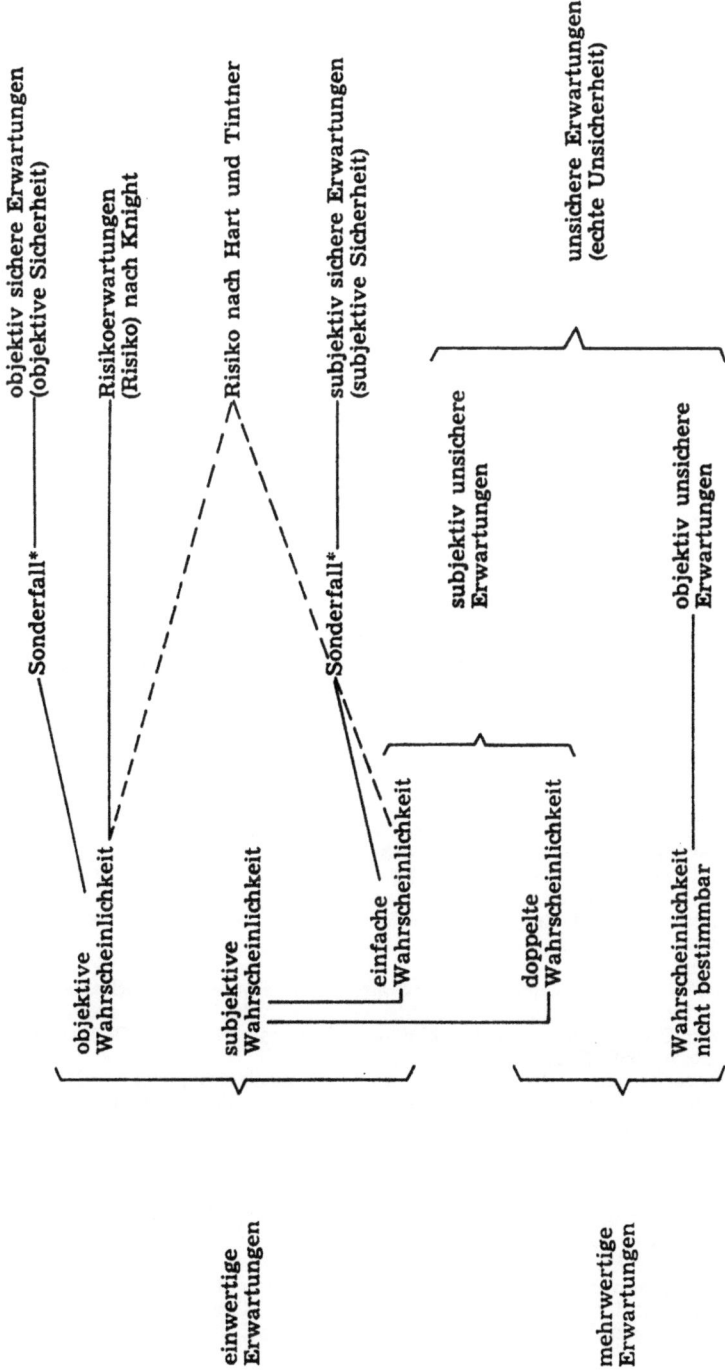

* objektiv bzw. subjektiv sichere Erwartungen liegen vor, wenn nur ein Wert der Variablen möglich ist bzw. für möglich gehalten wird.

scheinlichkeiten zwar notwendige, jedoch nicht hinreichende Bedingung; es ist mindestens eine häufige Wiederholung der (zufälligen) Variablen zusätzliche Bedingung[25]. Eine Unterscheidung der Entscheidungssituationen lediglich nach der Art der Wahrscheinlichkeiten ist also unzureichend.

Da bei Hart und Tintner der Unterschied zwischen Risiko und Unsicherheit ohnehin nur noch formaler Art ist und, wie unten[26] zu begründen versucht werden wird, die Fälle „lediglich doppelte Wahrscheinlichkeiten bestimmbar" und „überhaupt keine Wahrscheinlichkeiten bestimmbar" logisch nicht möglich sind, ist die Verwendung eines anderen Systems nahegelegt, insbesondere auch aus sprachlichen Gründen: Denn das Risiko wird im allgemeinen Sprachgebrauch nicht als ein besonderer Fall, sondern als eine Folge unsicherer Erwartungen verstanden, nämlich als die Gefahr, daß sich ein anderer, niedrigerer als der wahrscheinlichste Wert der Variablen realisiert[27, 28]; diesem Risikobegriff wird der Begriff der Chance gegenübergestellt, der die Möglichkeit bezeichnet, daß sich der wahrscheinlichste oder gar ein höherer Wert realisiert.

Der Untersuchung ist deshalb folgendes Begriffsystem zugrundegelegt (s. S. 19): Es werden zwei Entscheidungssituationen unterschieden, die Situation, in der der Erwartungswert als Entscheidungskriterium anwendbar ist (stochastische Unsicherheit) und die, in der die Bedingungen dafür nicht gegeben sind (echte Unsicherheit). Als Folge echter Unsicherheit sind Risiko und Chance gegeben.

---

[25] Zum Inhalt der Begriffe „einmalige Entscheidung" und „häufig wiederholte Entscheidung" vgl. *Shackle*: Expectation in Economics, a.a.O.; *Krelle*, Wilhelm: Unsicherheit und Risiko in der Preisbildung, in: ZfdgStaatsw. 113. Bd. (1957), S. 632—677, im folgenden zitiert nach dem Wiederabdruck in: Preistheorie, hrsg. von Alfred Eugen Ott, Köln—Berlin (1965), S. 390—433, hier S. 407 und 408.

[26] s. S. 50 f. bzw. 54.

[27] Vgl. etwa *Gutenberg*, Erich: Grundlagen der Betriebswirtschaftslehre, Zweiter Band: Der Absatz, 6. Aufl., Berlin Göttingen Heidelberg 1963, S. 57; *Eucken*, Walter: Die Grundlagen der Nationalökonomie, 7. Aufl., Berlin Göttingen Heidelberg 1959, S. 139.

[28] In der Literatur finden sich Autoren, die das Risiko zwar nicht wie Knight, sondern als Folge unsicherer Erwartungen, es dann aber doch abweichend von hier verstehen. So definiert etwa *Niehans*, Jürg: Zur Preisbildung bei ungewissen Erwartungen, in: Schweiz.ZfVolksw.uStat., 84. Jg. (1948), S. 433—456, hier S. 445, das Risiko als Differenz zwischen dem bestmöglichen und dem tatsächlichen Ergebnis einer Entscheidung; andere Autoren wiederum verstehen das Risiko als die Gefahr, daß sich ein unvorteilhafter Wert der Variablen realisiert, bspw. *Krelle*, Wilhelm: Preistheorie, Tübingen und Zürich 1961, S. 90, daß keine Entnahme $\geq 0$ möglich ist. Die sonst in der Literatur zu findenden Definitionen, in denen das Risiko als Verlustgefahr, als Gefahr des Mißlingens usw. definiert ist (vgl. etwa *Oberparleiter*, Karl: Funktionen- und Risikenlehre des Warenhandels, Wien 1930, S. 95), sind zu wenig präzis, um sie in eine der Gruppen einordnen zu können.

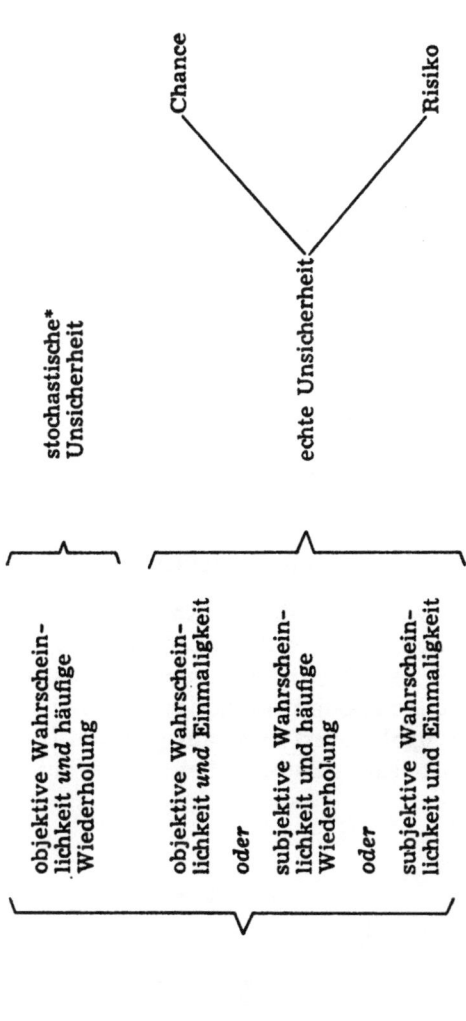

\* die Eigenschaft einer Variablen, bei wiederholtem Ablauf des Gesche-
hens mit ganz bestimmten Wahrscheinlichkeiten zufällig verschiedene
Werte anzunehmen, nennt man stochastisch. Im operations research wird
diese Eigenschaft in einem weiteren Sinne verstanden; als stochastisch wird
dort eine Situation bezeichnet, in der Wahrscheinlichkeiten vorliegen,
gleichgültig ob diese objektiv oder subjektiv sind und ob die Entscheidung
häufig wiederholt wird oder einmalig ist.

Der Fall der echten Unsicherheit ist weiter zu differenzieren:

1. Es liegen zwar objektive Wahrscheinlichkeiten vor, die Investition ist aber lediglich einmalig.

2. Die Investition wird zwar wiederholt, es liegen aber lediglich subjektive Wahrscheinlichkeiten vor.

3. Es liegen nur subjektive Wahrscheinlichkeiten vor, und die Investition ist nur einmalig.

Die Fälle 1. und 2. weisen gegenüber Fall 3. Besonderheiten auf, auf die hier nicht eingegangen wird. Problem der Untersuchung ist die Entscheidung über eine einmalige Investition bei Vorliegen lediglich subjektiver Wahrscheinlichkeiten.

Das Problem soll durch Annahmen weiter eingeengt werden, von denen hier folgende genannt seien:

(1) Die Entscheidung fällt in einem Einmannunternehmen.

Fragen, die den Ausgleich divergierender Zielsetzungen und die Kommunikation von Mitgliedern einer Organisation betreffen, werden also nicht behandelt.

(2) Der Investor entscheidet auf einem polypolistischen Markt.

Im Polypol darf angenommen werden, daß die Konkurrenz (und in einem weiteren Sinne die Umwelt des Investors überhaupt) auf die Entscheidung des Investors weder feindlich noch freundlich reagiert, vielmehr unabhängig von ihr und ohne erkennbare Absicht entscheidet[29]. Das Entscheidungsproblem im Oligopol basiert zwar auf gleichen Überlegungen wie das im Polypol, weist jedoch Besonderheiten auf, auf die hier nicht eingegangen wird.

---

[29] d. h. (1) die Wahrscheinlichkeit, mit der eine bestimmte Umweltmaßnahme eintreffen wird, ist unabhängig davon, welche Maßnahme der Investor trifft; sämtliche Entnahmen einer Spalte der Matrix sind mit anderen Worten gleichwahrscheinlich (s. S. 46). (2) die Konzeptionen des Maximum Minimorum und des Maximum Maximorum sind als Lösungen des Entscheidungsproblems nicht akzeptabel (s. S. 115 f.).

*Erster Teil*

# Explikative Theorie der Investitionsentscheidung bei Unsicherheit

Im folgenden Teil wird zu erklären versucht, wie der Investor entscheidet. Nachfolgend wird dann zu zeigen versucht, wie der Investor entscheiden sollte, wenn er ein bestimmtes Ziel anstrebt.

Zwar will die explikative Theorie tatsächliches Verhalten erklären, die präskriptive Theorie dagegen vernünftiges Verhalten ermitteln, beide Theorien sind jedoch nicht ohne jeden Zusammenhang, vielmehr scheint, wenn erstere fragt, wie beobachtete Ereignisse bewirkt wurden, letztere gar nur deren anwendungsorientierte Umformung: sie fragt, wie bestimmte Ereignisse bewirkt werden können. Daraus ist aber nicht zu folgern, daß es überflüssig ist, zwei Betrachtungsweisen des Entscheidungsproblems zu unterscheiden. Es bestehen nämlich Unterschiede zwischen ihnen; der entscheidende ist: Die explikative Theorie will das tatsächliche Verhalten des Investors verstehbar machen; sie muß sich durch ihren didaktischen Wert auszeichnen. Die präskriptive Theorie will das folgerichtige Verhalten des Investors ermitteln; sie muß sich also durch ihren praktischen Wert auszeichnen. Eine didaktische explikative Theorie muß nun aber in ihrer anwendungsorientierten Umformung, also als präskriptive Theorie nicht zugleich eine praktische sein.

Die Zweiteilung dieser Arbeit erfolgt jedoch nicht nur um zu dokumentieren, daß das Entscheidungsproblem verschieden behandelt werden kann, sondern insbesondere, weil ein Verstehen tatsächlichen unternehmerischen Verhaltens die Ermittlung vernünftigen Verhaltens, das Ziel der Arbeit, erleichtert.

Da zur Erklärung der Realität ihre genaue Erfassung zwar notwendig, der Vielzahl ihrer unübersichtlichen Zusammenhänge wegen aber kaum möglich ist, bleibt nur übrig, sie approximativ zu beschreiben, also aus der Vielzahl der Zusammenhänge diejenigen auszuwählen, die hinsichtlich der angestrebten Aussage von besonderem Interesse sind; diese Auswahl bezeichnet man als Modell[30].

---

[30] Vgl. *Kosiol*, Erich: Modellanalyse als Grundlage unternehmerischer Entscheidungen, in: ZfhF, N. F., 13. Jg. (1961), S. 318—334.

## A. Das Modell

Bei dem zu behandelnden Modell war zunächst durch die obengenannten Annahmen von der Wirklichkeit abstrahiert worden; weitere Annahmen werden bei der Beschreibung des Modells ausgeführt.

Es sind nun die ausgewählten Größen in (mathematischen) Beziehungen zusammenzufassen, die Teile des Modells darstellen. An solchen Beziehungen sind unterschieden:

1. Die Zielfunktion: Sie zeigt die Beziehung zwischen dem Realisierungsgrad des Ziels an, das der Investor mit seinen Entscheidungen erreichen will, und den Mitteln, mit denen er es erreichen kann.

2. Die Definitionsgleichungen: In ihnen werden die Investitionen charakterisiert, es wird also angegeben, in welchem Ausmaß sie zur Realisierung dieses Zieles geeignete Mittel beinhalten.

### 1. Die Zielfunktion des Modells

Der Investor versucht mit allen seinen Handlungen, so auch mit seinem Unternehmen, ein bestimmtes Ziel zu erreichen. Mit den Entscheidungen im Unternehmen wird er dieses jedoch regelmäßig nicht direkt anstreben, sondern sich lediglich Mittel zu erarbeiten versuchen, mit denen wiederum er sich diesem Ziel zu nähern vermag. Solche Mittel können finanzieller und nichtfinanzieller Art sein[31].

### a) Zielfunktion mit finanziellen und nichtfinanziellen Mitteleinsätzen bei sicheren Erwartungen

Als finanzielle Mittel werden die zu bestimmten Zeitpunkten in bestimmter Höhe für konsumtive Zwecke aus dem Unternehmen entnehmbaren Geldbeträge verstanden.

Neben diesen kann der Investor auch nichtfinanzielle Vorteile aus dem Unternehmen haben, wie Macht, Unabhängigkeit usw.

Die Ungeduld des Menschen würde zur Verfügung über alle der Unternehmung entnehmbaren Mittel führen. Da jedoch in diesem Falle zugunsten gegenwärtiger auf künftige Vorteile verzichtet werden müßte, wird der Investor einen Kompromiß hinsichtlich der zeitlichen Struktur des Vorteilsstromes aus der Unternehmung suchen. Dieser Kompromiß wird darin bestehen, nur soviel zu entnehmen, daß die Wertschätzung der gegenwärtigen Entnahmen gerade seiner Wert-

---

[31] Vgl. etwa *Heinen*, Edmund: Das Zielsystem der Unternehmung. Grundlagen betriebswirtschaftlicher Entscheidungen, Wiesbaden (1966), insbes. S. 77 bis 82 und dort angegebene Literatur.

schätzung der mit den Mitteln zu erzielenden, ihm nun aber entgehenden künftigen (höheren) Verfügungsmöglichkeiten entspricht[32].

Damit ist der funktionale Zusammenhang zwischen Zielrealisierungsgrad und Mitteleinsatz wie folgt formulierbar[33]:

$$Z = Z \left[ \varphi \, St \, (E, M, U, \ldots) \right]$$

wobei bedeuten

| | |
|---|---|
| Z | Zielrealisierungsgrad |
| E | (finanzielle) Entnahmen |
| M | Macht |
| U | Unabhängigkeit |
| $St(E)$ | zeitliche Struktur eines Mittels, hier E |
| $\varphi$ | Faktor für die individuelle Wertschätzung gegenwärtiger im Vergleich zu künftigen (höheren) Entnahmemöglichkeiten (= Faktor für die individuelle Entnahmepräferenz) |

### b) Zielfunktion mit finanziellen und nichtfinanziellen Mitteleinsätzen bei unsicheren Erwartungen

Weil unbekannt ist, welche Maßnahmen die Umwelt ergreifen wird, sind die aus den möglichen Investitionen folgenden Vorteilsströme unsicher; die Investitionen beinhalten somit Risiken und Chancen.

Die Zielfunktion muß deshalb um ein Element erweitert werden, das das Streben des Investors nach Sicherheit für die Erwartung der Mittel ausdrückt. Da beide, das Streben nach Höhe und das Streben nach Sicherheit der Erwartung, einander widersprechen[34], ist zusätzlich ein Faktor in die Zielfunktion aufzunehmen, der angibt, wie der Investor sicherere im Vergleich zu weniger sicheren, dafür aber größeren Chancen wertschätzt.

Bei Berücksichtigung unsicherer Erwartungen verändert sich deshalb die Zielfunktion wie folgt.

$$Z = Z \left[ \varphi \, St \, (E, M, U, \ldots); \, \lambda \, S \, (E, M, U, \ldots) \right]$$

---

[32] Daß die Entscheidung von der Zeitpräferenz des Investors abhängig ist, haben namentlich *Fisher*, Irving: The Theory of Interest. As Determined by Impatience to Spend Income and Opportunity to Invest it, New York 1930 und *Hirshleifer*, J[ack]: On the Theory of Optimal Investment Decision, in: JoPE Vol. 66 (1958), S. 329—352. In *Hirshleifer*: Investment Decision under Uncertainty: Choice Theoretic Approaches, a.a.O. und *Hirshleifer*, J[ack]: Investment Decision under Uncertainty: Applications of the State-Preference Approach, in: QJoE Vol. 80 (1966), S. 252—277 dehnt Hirshleifer seinen Ansatz auf den Fall unsicherer Erwartungen aus.

[33] Diese Zielfunktion gibt den Kompromiß des Investors hinsichtlich 1. der anzustrebenden Menge eines jeden Mittels, 2. der (zeitlichen) Strukturierung der Menge eines jeden Mittels an.

wobei bedeuten:

$S(E)$      die Sicherheit der Erwartung eines Mittels, hier $E$
$\lambda$      Faktor für die individuelle Wertschätzung sichererer im Vergleich
        zu weniger sicheren (dafür größeren) Chancen (= Faktor für die
        individuelle Sicherheitspräferenz)

Daß das Sicherheitsstreben Element der Zielfunktion ist, ist zunächst allerdings eine Behauptung. Letztlich kann nämlich nur die bspw. aufgrund der Entscheidung mögliche Entnahme dem Investor nutzen[35].

Ex post, also wenn sich die Entscheidung mit all ihren Konsequenzen realisiert hat, ist in der Tat nur die mögliche Entnahme ein Mittel; unter diesem Aspekt wäre dann jede Entscheidung eine Fehlentscheidung, deren mögliche Entnahme geringer ist als die bei der von der Umwelt getroffenen Maßnahme höchstmögliche.

Davon zu unterscheiden ist jedoch das ex ante bestehende Problem, das allein Gegenstand der Untersuchung ist. Daß hier das Sicherheitsstreben Element der Zielfunktion ist, ist daran erkennbar, daß der Investor zwischen zwei Alternativen, deren Einnahmeerwartung die gleiche ist, nicht indifferent ist, wenn die Sicherheit für sie verschieden ist.

### c) Zielfunktion mit lediglich finanziellen Mitteleinsätzen bei unsicheren Erwartungen

Das zu behandelnde Problem soll einfacher sein. Es soll das Entscheidungsproblem eines Investors untersucht werden, der nicht glaubt, mit nichtfinanziellen Mitteln seinem Ziel näher kommen zu können[36]. Die Zielfunktion S. 23 vereinfacht sich dann wie folgt:

$$Z = Z\,[\varphi\,St\,(E);\,\lambda\,S\,(E)]$$

Diese Annahme über die Zielfunktion des Investors impliziert eine Annahme über seine Aktivitätsbereitschaft[37]: Er ist bereit, für eine infinitesimal größere bzw. sicherere Entnahme bis an die Grenze

---

[34] Vgl. *Sandig*, Curt: Gewinn und Sicherheit in der Betriebspolitik. Das Treiben und Bremsen im Betriebe, in: ZfB 10. Jg. (1933), S. 349—360.

[35] Vgl. etwa die Argumentation von *Koch*, Helmut: Zur Diskussion in der Ungewißheitstheorie, in: ZfhF, N. F., 12. Jg. (1960), S. 49—75.

[36] Die „Imponderabilien" (vgl. *Schneider*, Erich: Wirtschaftlichkeitsrechnung. Theorie der Investition, 2. Aufl., Tübingen 1957, S. 128 ff.; *Gutenberg*, Erich: Der Stand der wissenschaftlichen Forschung auf dem Gebiet der betrieblichen Investitionsplanung, a.a.O., S. 564) beeinflussen die Entscheidung aber nicht.

[37] Zur Frage der Aktivitätsbereitschaft des Investors vgl. *Scitovsky*, T[ibor] de: A Note on Profit Maximisation and its Implications, in: Rev.Econ.Stud. Vol. 11 (1943/44), S. 57—60; *Moxter*, Adolf: Präferenzstruktur und Aktivitätsfunktion des Unternehmers, in: ZfbF 16. Jg. (1964), S. 6—35.

seiner möglichen Aktivität zu gehen, was sich wie folgt begründen läßt: Wird das Unternehmen weniger intensiv betrieben, so führt dies zu mehr Muße. Muße ist ein nichtfinanzieller Vorteil; sie wird möglich, wenn die unternehmerische Aktivität eingeschränkt wird. Hält der Investor nichtfinanzielle Mittel zur Realisierung seines Zieles aber nicht für effizient, so kann das nur bedeuten, daß er bereit ist, für eine infinitesimal größere bzw. sicherere Entnahme auf jede Muße zu verzichten, also jede zusätzlich mögliche Aktivität zu entfalten.

*d) Zielfunktion mit lediglich finanziellen Mitteleinsätzen und einer Annahme über die Entnahmepräferenz bei unsicheren Erwartungen*

In der Zielfunktion S. 24 ist eine Zeitpräferenz des Investors hinsichtlich der Zahlungsströme aus zwei Gründen ausgedrückt. Zunächst besteht eine Zeitpräferenz, weil das Individuum aus Ungeduld lieber heute als morgen Mittel aus der Unternehmung nimmt (Entnahmepräferenz).

Zum anderen besteht eine Zeitpräferenz, weil mit zunehmender Investitionsdauer die Erwartungen unsicherer, die Risiken also größer werden, und der Investor daher solche Alternativen vorzieht, die die Vorteilsströme c. p. zeitiger erwarten lassen als andere (Sicherheitspräferenz).

Der Einfluß der einen Ursache der Zeitpräferenz, der Entnahmepräferenz, auf die Entscheidung soll nicht behandelt werden; das Problem der Bedeutung der Entnahmepräferenz des Investors für die Entscheidung soll durch eine geeignete Annahme aus der Untersuchung eliminiert werden: Es wird angenommen, daß der Investor erst dann Mittel aus der Unternehmung zu nehmen gedenkt, wenn diese liquidiert wird[38, 39, 40].

---

[38] Die Annahme dieser einfachsten Entnahmepräferenz ist irreal, setzt sie doch voraus, daß der Lebensunterhalt des Investors von anderer Seite alimentiert wird, bis das Unternehmen in $t_n$ liquidiert ist; sie soll jedoch nur das zu behandelnde Problem begrenzen.

[39] Vgl. jedoch das andere Motiv für den sog. Endwert als Maximierungskriterium, zu dem diese Annahme führt (s. auch S. 31 f.) etwa bei *Heister*, Matthias: Rentabilitätsanalyse von Investitionen. Ein Beitrag zur Wirtschaftlichkeitsrechnung, Köln und Opladen 1962, insbes. S. 30 ff.

[40] Daß das Unternehmensende geplant wird, ist ohne Zweifel nicht die Regel; wird die Dauer des Unternehmens aber mit unendlich angenommen, so ist eine Rechnung nicht mehr möglich.

Der Begriff des relevanten Horizontes ermöglicht jedoch eine Rechnung, ohne der Realität allzuviel Gewalt anzutun. Der relevante Horizont ist als derjenige Zeitpunkt definiert, von dem an die Entscheidungsmöglichkeiten keinen Einfluß mehr darauf haben, welche Entscheidung in $t_0$ optimal ist (vgl. *Modigliani*, Franco und Kalman J. *Cohen*: The Significance and Uses of Ex Ante Data, in: Bowman, Mary Jean (ed.): Expectation, Uncertainty, and Business Behavior, New York 1958, S. 151—164 und dort angegebene Litera-

Damit vereinfacht sich die Zielfunktion wie folgt:

$$Z = [H\,(E);\, \lambda\, S\,(E)]$$

wobei bedeuten

$H\,(E)$    Höhe der Entnahmeerwartung
$S\,(E)$    Sicherheit der Entnahmeerwartung

D. h. der Investor strebt eine hinsichtlich seines Zieles optimale Kombination von Höhe und Sicherheit der Erwartung dieser Entnahmemöglichkeit an.

Die vorgetragene Konzeption bedarf einer Erläuterung. In der Literatur wird als Ziel des Unternehmers genannt, Entnahmen zu ermöglichen. Da die Ermöglichung von Entnahmen nicht Selbstzweck ist, wird sie hier als ein Mittel bezeichnet, mit dem der Investor sein Ziel erreichen kann. Über das Ziel selbst, das der Investor mit den erarbeiteten Mitteln erreichen will, wurde nichts gesagt.

Solcher Aussagen wurde sich enthalten, weil sie notwendigerweise spekulativ wären[41] und darauf ohnehin keine generell gültige Theorie aufzubauen ist, da das Ziel eines jeden Investors von dem eines anderen mindestens in, aber für die Entscheidung oft bedeutsamen Einzelheiten divergieren wird.

Gegenstand der Untersuchung können daher nur die Mittel sein, mit denen Ziele erreicht werden können. Über die Eignung, die Mittel haben müssen, um mit ihnen Ziele erreichen zu können, kann generell Gültiges ausgesagt werden. Damit nicht die Eignung eines jeden Mittels geprüft werden muß, also nur zur Einengung des Problems und nicht, um indirekt doch Aussagen über das Ziel des Investors zu machen, wird angenommen, daß bestimmte Mittel ungeeignet sind, es zu erreichen.

## 2. Die Definitionsgleichungen des Modells

Daß lediglich die finanziellen Vorteile die Vorteilhaftigkeit der Alternativen bestimmen, d. h. für den Investor effiziente Mittel sind, bedeutet, daß im folgenden allein sie Gegenstand der Untersuchung sind.

---

tur). An den relevanten Horizont kann also ein fiktives Unternehmensende gelegt werden; diejenige Entscheidung ist dann optimal, die die größte fiktive Entnahme im relevanten Horizont ermöglicht. Inwieweit diese Fiktion praktischen Bedürfnissen genügt, wird hier nicht erörtert.

[41] Vgl. *Moxter:* Präferenzstruktur und Aktivitätsfunktion des Unternehmers, a.a.O., S. 8 und 9.

## a) Die Zahlungsreihen der Investitionen

Der finanzielle Vorteilstrom resultiert aus allen für Käufe von der Umwelt aus dem Unternehmen an die Umwelt fließenden und aus Verkäufen an die Umwelt von dieser in das Unternehmen fließenden Zahlungen. Die Investitionen sind daher gewöhnlich durch zwei Zahlungsreihen beschrieben:

$$x = \begin{cases} A = (a_0, a_1, a_2, \ldots, a_n) \\ B = (b_0, b_1, b_2, \ldots, b_n) \end{cases}$$

wobei bedeuten

$$\begin{aligned} &x && \text{Investition} \\ &A, a && \text{Auszahlung} \\ &B, b && \text{Einzahlung} \\ &t && \text{Zeitpunkt} \\ & && t = 0, 1, 2, \ldots, n \end{aligned}$$

Da die Differenz zwischen Ein- und Auszahlung in $t$ als Nettoeinzahlung bezeichnet ist, wird die Vorteilhaftigkeit der Investitionen auch beschrieben durch die Reihe

$$x = \left( b_o^n, b_1^n, b_2^n, \ldots, b_n^n \right)$$

wobei bedeutet

$b^n$ Nettoeinzahlung

Da die Zahlungserwartungen nicht sicher sind, der Investor vielmehr für die Zeitpunkte $t$ mehrere Werte für möglich hält, ist die Reihe der Nettoeinzahlungen zunächst wie folgt zu schreiben:

$$x = \left( b_{jo}^n, b_{j1}^n, b_{j2}^n, \ldots, b_{jn}^n \right)$$

wobei bedeutet

$b_{jt}^n$
$j = 1, 2, \ldots$  eine in $t_0$ für den Zeitpunkt $t$ erwartete Nettoeinzahlung der Investition

Kann der Investor den Sicherheitsgrad der Erwartung der $b_{jt}^n$ angeben, so erweitert sich diese Zahlungsreihe wie folgt

$$x = \left( b_{jo}^n, s_{jo}; b_{j1}^n, s_{j1}; \ldots; b_{jn}^n, s_{jn} \right)$$

wobei bedeutet

$s_{jt}$ der Grad der Sicherheit, mit dem $b_{jt}^n$ erwartet wird

Diese Kennzeichnung der Investitionen ist im folgenden sowohl unter dem Aspekt horizontaler und vertikaler Interdependenzen, als auch dem der angenommenen Entnahmepräferenz des Investors zu überprüfen[42].

### b) Die Interpretation der Zahlungsreihen unter Beachtung horizontaler Interdependenzen

In der älteren investitionstheoretischen Literatur werden die Größen $a$ und $b$ bzw. $b^n$ als die Zahlungen einzelner Objekte angesehen. Diese Interpretation ist jedoch nur möglich, wenn die Objekte isoliert voneinander realisiert werden. Sonst aber haben die Objekte insofern keine ihnen eigenen Zahlungen, als Kombinationen einzelner Objekte regelmäßig zu Zahlungen führen, die von den summierten Zahlungen verschieden sind, die die Objekte induzieren, wenn sie isoliert voneinander realisiert werden (horizontale Interdependenzen). Die Vorteilhaftigkeit eines Objektes drückt sich für den Investor mithin nicht in den bei isolierter Realisation aus ihm erwarteten Zahlungen aus, sondern durch die Veränderung der Zahlungen der Kombination, der es hinzugefügt wird[43]. Die Konsequenz kann daher nur sein, jede mögliche Objektkombination als Alternative zu sehen und zu fragen, zu welcher Änderung der Zahlungen des Unternehmens sie führt, dem sie hinzugefügt wird.

Nun drückt sich zwar die Vorteilhaftigkeit einer Investition durch die Veränderung der Höhe und der Sicherheit der aus dem Unternehmen erwarteten Zahlungen aus[44], welche der alternativen Möglichkeiten der Veränderung die optimale ist, ist aber nicht unabhängig von dem Vorteilsstrom, den die Alternative verändern soll.

Gegenstand der Analyse bei der Bestimmung der optimalen Alternative hat daher der Vorteilsstrom des Unternehmens bei fiktiver

---

[42] Zur Interpretation von $s$ s. S. 48 ff.

[43] Vgl. *Jacob*, H[erbert]: Neuere Entwicklungen in der Investitionsrechnung, in: ZfB 34. Jg. (1964), S. 487—507 und 551—594, insbes. S. 502; *Moxter*, Adolf: Offene Probleme der Investitions- und Finanzierungstheorie, in: ZfbF 17. Jg. (1965), S. 1—10, insbes. S. 3—6; und die Diskussion *Klinger*, Karl: Das Schwächebild der Investitionsrechnungen, in: Der Betrieb 17. Jg. (1964), S. 1821—1824; *Hilgert*, Siegfried: Zur Berücksichtigung von Erträgen in Investitionsrechnungen, in: Der Betrieb 19. Jg. (1966), S. 81—84; *Adam*, Dietrich: Das Interdependenzproblem in der Investitionsrechnung und die Möglichkeit einer Zurechnung von Erträgen auf einzelne Investitionsobjekte, in: Der Betrieb 19. Jg. (1966), S. 989—993.

[44] Als die durch die Investition hervorgerufene Änderung der Zahlungen der Unternehmung versuchte Albach die Größen $a$ und $b$ bzw. $b^n$ zu interpretieren, vgl. *Albach*: Wirtschaftlichkeitsrechnung bei unsicheren Erwartungen, a.a.O., S. 51 und 110.

Realisation der Alternativen zu sein. Allein auch bei dieser Betrachtungsweise lassen sich risikopolitische Maßnahmen, etwa das Halten von Liquidität, erklären; diese Investitionen weisen nämlich keine nach Höhe und Sicherheit optimal strukturierten Zahlungen auf, können jedoch zu einem diesbezüglich optimalen Vorteilsstrom des Unternehmens führen.

Gefragt werden muß also, wie sich der Aus- und Einzahlungsstrom des Unternehmens entwickelt, wenn diese oder jene Alternative realisiert wird.

### c) Die Interpretation der Zahlungsreihen unter Beachtung horizontaler und vertikaler Interdependenzen und der Annahme über die Entnahmepräferenz

Zu beachten ist ferner, daß über die in den Zeitpunkten $t$ anfallenden Nettoeinzahlungen in irgendeiner Weise verfügt wird. Sie werden entweder ganz oder teils bzw. gar nicht entnommen (also teils oder vollständig reinvestiert).

Oben[45] wurde angenommen, daß dem Unternehmen bis einschließlich $t_{n-1}$ nichts und in $t_n$ alles entnommen wird. Der Investor reinvestiert also die in $t$ anfallenden Nettoeinzahlungen, und zwar so, indem er notfalls weitere Mittel von außen aufnimmt[46], daß die Entnahme in $t_n$ maximal wird.

Den heute zur Diskussion stehenden Investitionen folgen somit ab $t_1$ weitere Investitionen. Werden aber in Zukunft weitere Investitionen realisiert, so können die Größen $a$ und $b$ bzw. $b^n$ nicht als Zahlungen einzelner Investitionen verstanden werden, denn Investitionsfolgen führen regelmäßig zu Zahlungen, die von den summierten Zahlungen verschieden sind, die aus den Investitionen erwachsen, wenn sie voneinander isoliert realisiert werden (vertikale Interdependenzen)[47]. Die Vorteilhaftigkeit der künftigen Investitionen drückt sich für den Investor also auch nicht in den Zahlungen aus, die sie bei isolierter Realisation induzieren, vielmehr sind die Zahlungen aller künftigen (Re-)Investitionen, da sie nur aufbauend auf den heutigen geplant werden, sie sollen die Effizienz der heutigen Maßnahme verbessern, gewissermaßen als Aus- und Einzahlungen der heutigen Maßnahme zu interpretieren. Es ist mit anderen Worten zu fragen, welche Investition, Investition verstanden als mögliche Kette aus Erst- und Folgeinvestitionen, die optimale ist.

---

[45] s. S. 25.
[46] Vgl. *Koch*, Helmut: Betriebliche Planung. Grundlagen und Grundfragen der Unternehmungspolitik, Wiesbaden (1961), S. 15—17 und 83—90; *Moxter*, Adolf: Lineares Programmieren und betriebswirtschaftliche Kapitaltheorie, in: ZfhF, N. F., 15. Jg. (1963), S. 285—309, hier S. 298.

Das Entscheidungsproblem ist also nicht, die in Zeitpunkt $t_0$ beste Maßnahme an sich, sondern die für das (aus vergangenen Entscheidungen resultierende) Unternehmen beste Strategie zu bestimmen. Eine Strategie *(x)* ist dabei verstanden als eine Folge von in den Zeitpunkten $t$ ($t = 0, 1, 2, \ldots, n-1$) zu realisierenden Maßnahmen, in der die heute diskutierte $x_{i0}$, die wiederum eine Kombination aus $i$ ($i = 1, 2, \ldots$) Objekten ist, lediglich das Anfangsglied ist.

$$x = (x_{i0}, x_{i1}, x_{i2}, \ldots, x_{in-1})$$

| | |
|---|---|
| $x_{it}$ | die für $t$ geplante, aus $i$ Objek- |
| $i = 1, 2, \ldots$ | ten kombinierte Maßnahme |
| $t = 0, 1, \ldots, n-1$ | |

Damit entsteht allerdings der Eindruck, daß der Investor mit der Entscheidung für eine Strategie an die in ihr beschriebene Investitionsfolge gebunden ist, er seine Entscheidung also nicht mehr korrigieren, geschweige denn revidieren kann[48]. Letzteres muß aber, da es in der Realität zu beobachten ist, eine Unsicherheitstheorie erklären können.

Mit der Bestimmung der optimalen der möglichen Strategien legt sich der Investor jedoch keineswegs fest, vielmehr stellt er lediglich einen bedingten Plan auf; er bestimmt die im gegenwärtigen Unternehmenszustand $Z_0$ bezüglich seiner Erwartungen optimale Folge der Investitionen und gibt dabei nur vor, sich auf sie festzulegen, weil er annimmt, daß die Wirklichkeit seine Erwartungen bestätigen wird. Der Plan wird realisiert, wenn die Realität tatsächlich seine Erwartungen bestätigt.

Also allein die Entscheidung für $x_{i0}$ ist effektiv, die Entscheidungen für die $x_{it}$ dagegen sind hypothetisch[49]. Wenn das Vorhaben $x_{it-1}$ zu dem erwarteten Ergebnis $Z_t$ geführt hat, wird der Investor die begonnene Strategie fortsetzen, wenn nicht, wird er Änderungen vornehmen, d. h. eine Strategie wählen, die wiederum bezüglich des Unternehmenszustandes $Z_t$ und seiner Erwartungen in $t$ optimal ist.

---

[47] Vgl. Fußn. 43 S. 29.

[48] Vgl. etwa *Hax*, K[arl]: Diskussionsbeitrag zu Verfahren und Hilfsmittel für unternehmerische Entscheidungen, Arbeitstagung der Schmalenbach- Gesellschaft in Wiesbaden am 5. Mai 1961, in: ZfhF, N. F., 13. Jg. (1961), S. 386 und 387.

[49] Mit der Entscheidung in $t_0$ werden die künftigen Entscheidungen zwar nicht festgelegt, andererseits sind sie aber auch nicht mehr völlig frei, denn sie setzt Daten, an denen sich die künftigen Entscheidungen orientieren müssen.

In den Zustand $Z_n$ gelangt das Unternehmen dann in folgenden Schritten

(1) $\qquad Z_t = Z_t (Z_{t-2}, x_{t-1})$

(2) $\qquad Z_n = Z_n [Z_{n-2} (Z_{n-3}, \ldots), x_{n-1}]$

(3) $\qquad x_t = (x_{1t}, x_{2t}, \ldots, x_{it}, \ldots)$

Mit dieser Formulierung des Entscheidungsproblems gelangt man jedoch in ein Dilemma, denn das Anfangsglied der Folge kann ja nicht bestimmt werden, ohne daß man weiß, welche Objekte es später ergänzen oder ersetzen sollen. Um aber zu wissen, welche Objekte später realisiert werden sollen, muß man wissen, welche Objekte in $t_0$ realisiert werden. Das Dilemma ist das, daß zwei Glieder der Investitionskette wechselseitig, und zwar nach zwei Richtungen, voneinander abhängen. So ist, um bspw. über $x_{n-3}$ entscheiden zu können, zu wissen notwendig, welche der in $t_{n-2}$ möglichen Investitionen die optimale ist. Um aber sagen zu können, ob $x_{in-2}$ die optimale Maßnahme ist, muß man wissen, welche der in $t_{n-3}$ und in $t_{n-1}$ möglichen Alternativen die optimale ist.

$x_{n-1}$ ist jedoch nicht zweiseitig abhängig: Ihm folgt kein Glied mehr. Fingierte man daher für alle in $t_{n-1}$ möglichen Maßnahmen, sie seien die optimale, so ließe sich die (bei Optimalität von $x_{in-1}$) optimale Strategie und die Entnahme, die sie in $t_n$ gestattet, bestimmen. Diejenige der so als optimal ermittelten Strategien wäre dann die wirklich optimale, deren Entnahme die größte ist.

Diese sequentielle Bestimmung der optimalen Strategie ist aber nur bei sicheren Erwartungen möglich. Bei unsicheren Erwartungen ist nämlich unklar, wann eine Maßnahme optimal ist; folglich ist auch die Fiktion der Optimalität der Alternativen in $t_{n-1}$ keine operable Basis mehr zur Bestimmung der optimalen Strategie. Es bleibt somit nur, die Entwicklung einer jeden der alternativen Strategien zu antizipieren, und so zu sehen, zu welchem in $t_n$ entnehmbaren Betrag sie führt.

Bei mehrwertigen Erwartungen sind die alternativen Strategien dann beschrieben mit

$$x_i = (e_1, s_1; e_2, s_2; \ldots ; e_j, s_j; \ldots)$$

wobei bedeuten

$e_j \qquad$ eine für möglich gehaltene Entnahme in $t_n$

$s_j \qquad$ die Sicherheit der Erwartung von $e_j$

Sind die Alternativen durch ihre Entnahmeverteilung charakterisiert, also die möglichen Entnahmen und die Grade der Sicherheit, mit der diese Entnahmen erwartet werden, besteht das Problem zu erklären, welche der möglichen Alternativen der Investor als die vorteilhafteste ansieht und deshalb realisiert. Dies Problem wird im folgenden behandelt.

Die vorangegangenen Ausführungen begründen sich auch aus dem Verzicht auf finanzmathematische Instrumente in der Investitionsrechnung.

Die Verwendung der finanzmathematischen Instrumente impliziert eine Annahme über die Verzinsung der sog. Differenzinvestitionen, eine Annahme, die mit der Realität höchstens zufällig übereinstimmt, im Regelfall also ein Abweichen des errechneten vom tatsächlichen Optimum zur Folge hat. Dies muß als ein grundsätzlicher Mangel empfunden werden[50]. Daher wird hier auf finanzmathematische Instrumente verzichtet, statt der fiktiven werden vielmehr die tatsächlichen Zahlungen der möglichen Alternativen analysiert. Auf die Bedeutung von Annahmen über die Zahlungsströme der Alternativen wird unten[51] noch einmal zurückzukommen sein.

Aber noch aus einem weiteren Grund soll in dieser Untersuchung auf finanzmathematische Instrumente verzichtet werden. Ihre Verwendung impliziert nämlich auch eine Annahme über die Entnahmepräferenz des Investors. Die Entnahmepräferenz ist Element der Zielfunktion des Investors. Es kann aber nicht Aufgabe der Theorie sein, ein Optimum zu errechnen und dann nach einem Investor zu suchen, der das in der Rechnung postulierte Ziel (= Entnahmepräferenz) hat, um ihm dann die Realisation der betreffenden Investition zu empfehlen. Vielmehr ist umgekehrt vom Ziel des zu beratenden Investors auszugehen und zu prüfen, welche Investition ihm den höchsten Zielrealisierungsgrad gestattet[52].

## B. Die Lösung des Modells

Wird die Entscheidung als ein hinsichtlich des zu erreichenden Zieles optimaler Kompromiß zwischen dem Streben nach Höhe (H) und Sicherheit (S) der Entnahmeerwartung aufgefaßt, ist nunmehr zu fragen,

---

[50] Vgl. *Moxter*, Adolf: Lineares Programmieren und betriebswirtschaftliche Kapitaltheorie, a.a.O., S. 300.

[51] s. S. 85 ff.

[52] Für den Verzicht auf finanzmathematische Instrumente in der Investitionstheorie gibt es in der Literatur Vorbilder, vgl. etwa *Hax*, Herbert: Investitions- und Finanzplanung mit Hilfe der linearen Programmierung, in: ZfbF 16. Jg. (1964), S. 430—446, insbes. aber *Moxter*: Lineares Programmieren und betriebswirtschaftliche Kapitaltheorie, a.a.O., S. 296 ff.; *Jacob*: Neuere Entwicklungen in der Investitionsrechnung, a.a.O., S. 581—591.

welches die Überlegungen des Investors sind, die den Kompromiß bestimmen[53].

Gegenstand der Analyse hat zunächst die Beziehung zwischen den Mitteleinsätzen und den damit jeweils höchstens erreichbaren Zielrealisierungsgraden, die Zielfunktion, zu sein. Sind der Zielrealisierungsgrad mit $z$ und die Höhe und Sicherheit der Entnahmeerwartung mit $h$ und $s$ bezeichnet[54], läßt sie sich in der Form $z = z(h, s)$ schreiben. Die Funktion zeigt, wie sich der Zielrealisierungsgrad ändert, wenn $h$ bzw. $s$ variiert werden. Sie kann als Nutzenfunktion bezeichnet werden, wenn der Nutzen als ein Maß für den Realisierungsgrad des angestrebten Zieles verstanden wird[55].

Es ist nun zu versuchen, den Beitrag zu isolieren, den jedes Mittel zur Zielrealisierung leistet; ist dieser bekannt, ist es grundsätzlich möglich, die Proportion zu erkennen, in der $H$ und $S$ steht, wenn die Kombination optimal ist. Der Beitrag von $H$ wird so zu isolieren versucht, daß $s$ konstant gehalten und festgestellt wird, welche Nutzenzu- oder -abnahme die Variation von $h$ bewirkt.

Die der Analyse zugrunde gelegte Nutzenfunktion ist in der Analogie zum ersten Gossenschen Gesetz[56] formuliert; die Kurve beginnt auf der $h$-Achse, ist stetig, monoton steigend und konvex zum Ursprung hin (Abb. 1).

Ihr Verlauf begründet sich aus der Beobachtung, daß der Reiche im Gegensatz zum Armen nicht mit Pfennigen rechnet und dringende

---

[53] Die Problemstellung der explikativen Theorie der Investition ist analog der Problemstellung der (explikativen) Theorie der Produktion (vgl. etwa *Gutenberg*, Erich: Grundlagen der Betriebswirtschaftslehre, 1. Bd.: Die Produktion, 12. Aufl., Berlin—Heidelberg—New York 1966) und Theorie der Konsumtion (vgl. etwa *Schneider*, Erich: Einführung in die Wirtschaftstheorie, 2. Teil: Wirtschaftspläne und wirtschaftliches Gleichgewicht in der Verkehrswirtschaft, 9. Aufl., Tübingen 1964); zur Problemlösung werden die gleichen ökonomischen und mathematischen Methoden angewendet. Da deshalb keine neuen Einsichten in die zugrunde liegende ökonomische Problematik möglich sind, genügt eine skizzenhafte Darstellung des Lösungsansatzes.

[54] Womit angenommen ist, daß die Investoren aus den Entnahmeverteilungen Vorstellungen über Höhe und Sicherheit Entnahmeerwartung der betreffenden Alternativen ableiten, s. S. 42.

[55] Zum Begriff des Nutzens vgl. etwa *Miller* und *Starr*: Executive Decisions and Operations Research, a.a.O., S. 24; *Weber*, Wilhelm und Erich *Streißler*: Nutzen, in HdSW 8. Bd., hrsg. von Erwin v. Beckerath u. a., Stuttgart—Tübingen—Göttingen 1964, S. 1—19 und dort angegebene Literatur.

[56] *Gossen*, Hermann Heinrich: Entwickelung der Gesetze des menschlichen Verkehrs, und der daraus fließenden Regeln für menschliches Handeln, neue Ausgabe, Berlin 1889; vor Gossen ist ein derartiger Verlauf der Nutzenfunktion schon von Bernoulli angenommen worden; vgl. *Bernoulli*, Daniel: Specimen Theoriae de Mensura Sortis, in: Commentarii academiae scientiarium imperialis Petropolitanae, Tomus 5 (1738), S. 175—192; deutsch: ...: Versuch einer neuen Theorie der Wertbestimmung von Glücksfällen, übers. von Alfred Pringsheim, Leipzig 1896.

Bedürfnisse vor weniger dringenden befriedigt werden, woraus dann ein niedrigerer Nutzen einer infinitesimalen Änderung von H folgt.

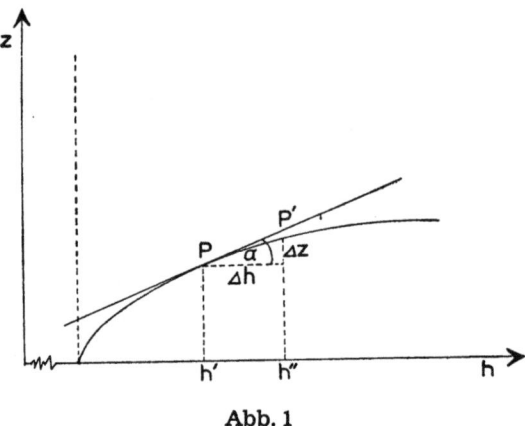

Abb. 1

Wie Abb. 1 zeigt, nimmt der Grad der Zielrealisierung um $\Delta z$ zu, wenn allein H von $h'$ auf $h''$ erhöht wird. Der Tangens des Winkels $\alpha$, den die Kurventangente in P mit der h-Achse bildet, ist das Maß für die Effizienz von H an der Grenze seines Einsatzes. Die infinitesimale Variation von h zeigt den Grenzrealisierungsgrad (Grenznutzen) an dieser Stelle an; ist diese Variation $dh$, dann ist der Grenznutzen das Produkt aus Grenzeffizienz und infinitesimaler Änderung von h, also $dz/dh.dh$.

In gleicher Weise lassen sich auch Grenzeffizienz und Grenznutzen von S bei infinitesimaler Änderung von s und Konstanz von h darstellen.

Der totale Grenznutzen ist dann gleich der Summe der partiellen Grenznutzen von H und S

$$= \frac{dz}{dh}\,dh + \frac{dz}{ds}\,ds$$

Ist die Funktion $z = z\,(h, s)$ gegeben und wird h auf der einen und s auf der anderen Achse abgetragen (Abb. 2), entspricht jeder beliebigen Kombination von H und S ein Punkt in der $h, s$-Ebene. Die Funktion $z = z\,(h,s)$ wird dann durch eine sich über der $h, s$-Ebene wölbende Nutzenfläche wiedergegeben, wenn in jedem Punkt der $h, s$-Ebene eine Senkrechte errichtet und auf ihr der jeweils zugehörige Nutzen abgetragen wird.

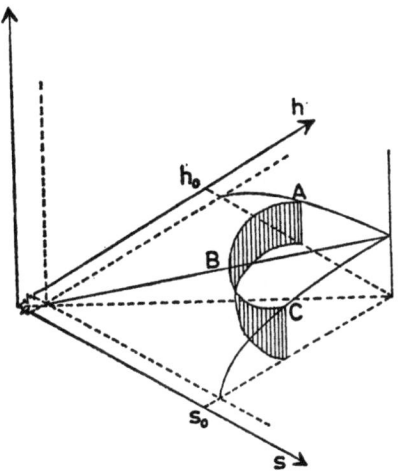

**Abb. 2**

Ein vertikaler Schnitt durch diese Fläche, bspw. an der Stelle $h = h_0$ in Richtung der $s$-Achse ergibt dann eine Schnittkurve, die alle Werte $z$ für variables $s$ und konstantes $h = h_0$ angibt. Ein horizontaler Schnitt ergibt eine Schichtlinie, etwa $ABC$, deren Projektion auf die $h$, $s$-Ebene als Indifferenzkurve bezeichnet ist; sie ist der geometrische Ort aller Kombinationen von $H$ und $S$, denen gegenüber der Investor indifferent ist, weil sie den gleichen Grad der Zielrealisierung induzieren.

Wird die Fläche in gleichen Höhenabständen parallel zur $h$, $s$-Ebene geschnitten und werden die Schichtlinien auf die $h$, $s$-Ebene projiziert, so ergibt sich eine Schar von Indifferenzkurven (Abb. 3), die bei der zugrunde gelegten Gossenhypothese über den Nutzenverlauf wie folgt gekennzeichnet ist[57]:

(1) Ist $s$ gegeben, so wird, da $dz/dh$ mit steigendem $h$ abnimmt, der Abstand der Indifferenzkurven voneinander nach links kleiner und nach rechts größer.

(2) Ist $h$ gegeben, so wird, da $dz/ds$ mit wachsendem $s$ abnimmt, der Abstand der Indifferenzkurven nach unten hin kleiner und nach oben hin größer.

(3) Je höher $h$ ist, bei gegebenem $s$, desto geringer ist $dz/dh$, desto kleiner kann $ds$ sein, um bei einer infinitesimalen Abnahme von $H$ die

---

[57] Vgl. *Schneider*, Helmut: Der Einfluß der Steuern auf die unternehmerischen Investitionsentscheidungen, Tübingen 1964, S. 105/106.

Indifferenz aufrechtzuerhalten. Die Steigung der Indifferenzkurven nimmt daher ab (zu), je weiter man entlang einer Waagrechten nach rechts (links) kommt.

(4) Je größer $s$ ist, bei gegebenem $h$, desto geringer ist $dz/ds$, desto kleiner kann $dh$ sein, um bei einer infinitesimalen Abnahme von $S$ die Indifferenz aufrechtzuerhalten. Die Steigung der Indifferenzkurven nimmt daher zu (ab), je weiter man entlang einer Senkrechten nach oben (unten) kommt.

Die Kombinationen von $H$ und $S$, die einen höheren Grad der Zielrealisierung induzieren als andere, liegen auf Indifferenzkurven, die weiter von den Achsen entfernt sind.

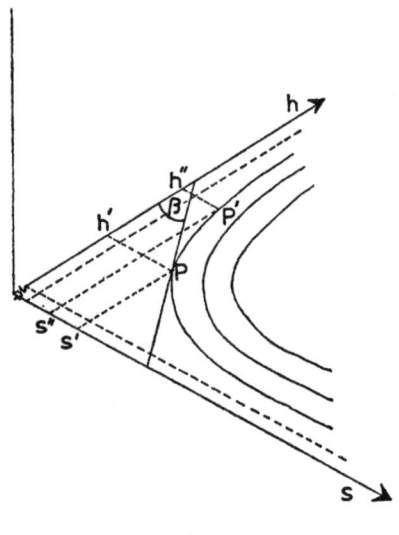

Abb. 3

Die Menge eines Mittels, die notwendig ist, um eine Einheit des anderen an einem Punkt $P$ der Kurve zu ersetzen[58], ist als die Grenzrate der Substitution bezeichnet[59]. Nach der Gossen-Hypothese muß die

---

[58] $S (H)$ ist nicht total durch $H (S)$ substituierbar. Das ist in Abb. 3 daran erkennbar, daß die Indifferenzkurven asymptotisch zur s-(h-)Achse verlaufen; die Indifferenzkurve mit dem Nutzenniveau 0 gibt mit ihren Tangenten die Mindesthöhe (-sicherheit) der Entnahmeerwartung an, die aus der Entscheidung resultieren muß.

[59] Geometrisch wird die Grenzrate der Substitution von $S$ durch $H$ durch den Tangens des Winkels $\beta$ ausgedrückt, den die in Punkt $P$ an die Indifferenzkurve gezogene Tangente mit der negativen Richtung der $h$-Achse bildet (s. Abb. 3).

sukzessive Verringerung von s durch ein ständig steigendes h kompensiert werden, wenn ein bestimmtes Nutzenniveau aufrechterhalten werden soll, die marginale Substitutionsrate von S durch H also abnehmen. Bei einem weniger risikoscheuen Investor nimmt die Substitutionsrate stärker ab als bei einem risikoscheueren[60]; die marginale Substitutionsrate ist mit anderen Worten determiniert durch die Grenzeffizienz der Mittel. Ist nämlich die Grenzeffizienz von S in P verhältnismäßig niedrig, so ist die Grenzrate der Substitution groß, d. h. die erwarteten Entnahmen müssen verhältnismäßig hoch sein, damit sich der Investor für den aus der Verminderung von S resultierenden Nutzenausfall entschädigt fühlt. Die Menge des zu ersetzenden S verhält sich also zu der Variationsmenge des ersetzenden H wie die Grenzeffizienz von H zur Grenzeffizienz von S.

$$\frac{ds}{dh} = \frac{dz}{dh} : \frac{dz}{ds}$$

Mit der Grenzeffizienz der Mittel kann daher beurteilt werden, ob Kombinationen als indifferent gelten können, denn stehen die Substitutionsmengen nicht im Verhältnis der Grenzeffizienzen der Mittel zueinander, dann können die Einsatzmengen vor und nach der Substitution nicht auf einer Indifferenzkurve liegen.

Die Kombination von H und S, die der Investor wählt, ist offenbar die, die unter den gegebenen Umständen den höchsten Grad der Zielrealisierung ermöglicht. Die Umstände charakterisieren sich durch die Kosten einer zusätzlichen Einheit von H bzw. von S.

Sind die Kosten von H und S bekannt und kann sie der Investor durch sein Verhalten nicht beeinflussen, so ist auch die Entscheidung des Investors bestimmt: Er wählt die Kombination, aus der bei gegebenen Kosten für H und S der höchste Grad der Zielrealisierung resultiert. Die Kosten von H und S sind also im folgenden zu bestimmen.

Jede denkbare Investition wird durch einen Punkt in der h, s-Ebene dargestellt. Von den denkbaren Investitionen werden dem Investor nicht alle zu realisieren möglich sein, vielmehr wird er nur innerhalb eines Bereichs von möglichen Alternativen wählen können. Die möglichen Alternativen bilden eine Grenzlinie (Kurve RR' in Abb. 4), die der geometrische Ort aller derjenigen möglichen Kombinationen von H und S ist, die der Investor vernünftigerweise für relevant erachtet. Relevant ist eine Investition $x_i$ aus dem Kreise der i (i = 1, 2, ..., i, j, ...) möglichen Alternativen dann, wenn für jede Investition $x_j$,

---

[60] D. h. die Indifferenzkurven eines risikoscheueren Investors verlaufen steiler als die eines weniger risikoscheuen Investors.

(1) ... die ein gegenüber $x_i$ gleich großes oder größeres $h$ aufweist, das mit diesem $h$ verbundene $s$ geringer ist;

(2) ... die ein gegenüber $x_i$ gleich großes oder größeres $s$ aufweist, das mit diesem $s$ verbundene $h$ niedriger ist.

Die Kurve der relevanten Investitionen wird bei unendlich vielen Investitionen stetig, monoton fallend und konkav zum Ursprung hin sein; ihre Steigung nimmt ab, je weiter man nach links kommt, da anzunehmen ist, daß eine höhere Entnahmeerwartung nur bei erheblich geringerer Sicherheit möglich ist.

Die Kurve der relevanten Alternativen gibt nun an, was den Investor die Sicherheit kostet. Wünscht der Investor bspw. eine von $s'$ auf $s''$ erhöhte Sicherheit, so vermag er nur eine Alternative zu realisieren, deren Entnahmeerwartung dafür um $\Delta h$ geringer ist. Der Tangens des Winkels $\gamma$, den die Kurventangente in $P$ mit der $s$-Achse bildet, kann daher als Maß für die Kosten der zusätzlich gewünschten Sicherheit interpretiert werden.

$$k_s = \frac{dh}{ds}, \text{ entsprechend } k_h \frac{ds}{dh}$$

wobei bedeutet:

$k_h (k_s)$   Kosten der gewünschten höheren (sichereren) Entnahmeerwartung

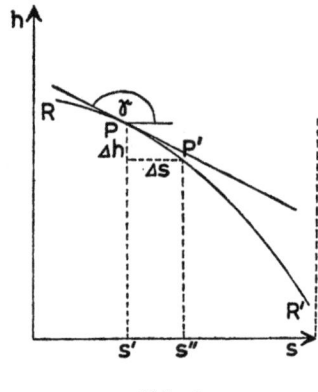

Abb. 4

Wird die Kurve der relevanten Alternativen (Abb. 4) in das Indifferenzkurvensystem (Abb. 3) eingezeichnet, ist das Optimum bestimmt. Der Investor wählt die durch Punkt $x_{opt}$ repräsentierte Alternative. Sie beinhaltet den optimalen Kompromiß zwischen dem Streben des Investors nach Höhe und Sicherheit der Entnahmeerwartung, den, aus dem der höchste Grad der Zielrealisierung resultiert. Im Optimum tangiert die Kurve der relevanten Investitionen die Indifferenzkurve; ihr Anstieg ist gleich dem Anstieg der Indifferenzkurve, d. h. die Kostenersparnis, die durch eine Verminderung von $H$ zu erzielen wäre, wird dann gerade durch den Kostenzuwachs ausgeglichen, der durch die Erhöhung von $S$ entsteht, die notwendig würde, wenn der Zielrealisierungsgrad gehalten werden soll.

$$k_s . ds = k_h . dh$$

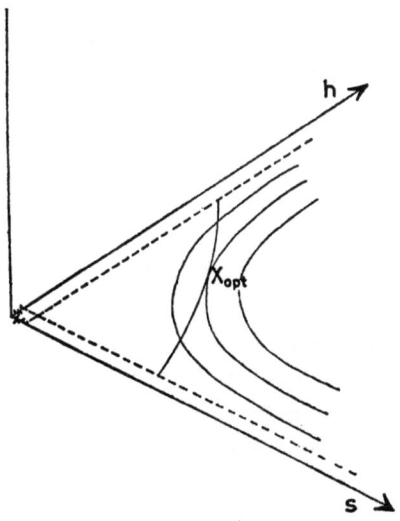

Abb. 5

Im Optimum ist somit die Grenzrate der Substitution gleich dem Kehrwert des Kostenverhältnisses

$$\frac{ds}{dh} = \frac{k_h}{k_s}$$

und da

$$\frac{ds}{dh} = \frac{dz}{dh} : \frac{dz}{ds}$$

verhalten sich die Kosten von $H$ und $S$ wie ihre Grenzeffizienzen

$$\frac{k_h}{k_s} = \frac{dz}{dh} : \frac{dz}{ds}$$

## C. Die Kritik der explikativen Theorie
## der Investitionsentscheidung bei Unsicherheit

Explikative Lösungsversuche sind aus der Literatur bekannt[61, 62]. Wenn sie auch im Einzelfall von der hier vorgetragenen Konzeption abweichen, insbesondere, wie etwa bei Shackle und Krelle, die Analyse nicht die Bestimmung der optimalen unter den möglichen, sondern die Bestimmung der Vorteilhaftigkeit einer Alternative (und damit lediglich indirekt die Bestimmung der optimalen unter den möglichen Alternativen) beinhaltet, so haben sie doch eines gemeinsam: Sie unterstellen, daß der Verlauf der Indifferenzkurven, und, da die Indifferenzkurven lediglich von ihnen abgeleitet sind, der Verlauf der Nutzenkurven $z = z(h)$ bzw. $z = z(s)$ bei konstantem $s$ bzw. $h$ bekannt ist und letztere insbesondere wie angegeben verlaufen.

Mit einer Kritik dieser Prämisse gelingt gleichzeitig eine Kritik aller aus der Literatur bekannten explikativen Lösungsversuche, ohne daß auf deren divergierende Einzelheiten eingegangen werden müßte.

Der in den Ansätzen unterstellte Verlauf der Nutzenfunktionen beruht auf der Gültigkeit der Gossen-Hypothese. Die Kritik der Ansätze entspricht daher einer Kritik der Gossen-Hypothese.

Die Gültigkeit der Gossen-Hypothese erfordert zunächst, daß $H$ und $S$ substituierbar sind. In der Realität wird zwar eine totale Substituierbarkeit nicht gegeben sein, dies verlangt die Gossen-Hypothese aber auch gar nicht, was z. B. bei dem vorgetragenen Ansatz daraus ersichtlich ist, daß die Entnahmeerwartung der zu realisierenden Alternative eine Mindesthöhe bzw. Mindestsicherheit aufweisen muß. Die Gossen-Hypothese verlangt zunächst also nur, daß $H$ und $S$ innerhalb gewisser Grenzen (partiell) substituierbar sind. Darüber hinaus impliziert die Gossen-Hypothese allerdings eine Gesetzmäßigkeit der Sub-

---

[61] *Domar*, Evsey D. und Richard A. *Musgrave:* Proportional Income Taxation and Risk-Taking, in: QJoE Vol. 58 (1944), S. 389—422; *Musgrave*, Richard A.: The Theory of Public Finance, New York—Toronto—London 1959, S. 312 ff.; *Shackle:* Expectation in Economics, a.a.O.; *Lutz*, Friedrich und Vera: The Theory of Investment of the Firm, Princeton 1951, S. 190—192; *Krelle*, Wilhelm: Preistheorie, Tübingen und Zürich 1961; *Albach*, Horst: Rentabilität und Sicherheit als Kriterien betrieblicher Investitionsentscheidungen, in: ZfB 30. Jg. (1960), S. 583—599 und 673—682; insbes. S. 596—599; *Schneider:* Der Einfluß der Steuern auf die unternehmerischen Investitionsentscheidungen, a.a.O., S. 89—111; *Hirshleifer:* Investment Decision under Uncertainty; Choice Theoretic Approaches, a.a.O.; *Hirshleifer:* Investment Decision under Uncertainty: Applications of the State-Preference Approach, a.a.O.

[62] Die Zuordnung von Lösungsversuchen unter die explikative bzw. präskriptive Theorie ist im Einzelfall schwer. Dies gilt insbesondere für die Ansätze von Shackle und Krelle; beide wollen eine präskriptive Theorie, ihre Ansätze zeigen jedoch Wesensmerkmale der explikativen Theorie. Die Ansätze sollen deshalb sowohl vom Standpunkt einer explikativen als auch dem einer präskriptiven Theorie gewürdigt werden.

stituierbarkeit, nämlich, daß die marginale Substitutionsrate abnimmt; dieses Gesetz gilt bei einem stetigen, monoton wachsenden, vom Ursprung gesehen konvexen Verlauf der Nutzenkurven[63].

Mit dieser Hypothese des Verlaufs der Nutzenkurven kann man Risikoaversion erklären, etwa die Neigung der Investoren, Versicherungen abzuschließen. Risikopräferenz, also etwa die Teilnahme der Individuen an Lotterien, kann jedoch nicht mit ihr erklärt werden[64]. Risikopräferenz kann nur mit konkaven Nutzenkurven erklärt werden.

Um die häufig zu beobachtende Tatsache zu erklären, daß Individuen sowohl Versicherungen abschließen als auch an Lotterien teilnehmen, ist die Hypothese nur-konvexen Verlaufs der Nutzenkurven daher unbrauchbar. Auf die Erklärung, weshalb die Individuen auch risikofreudig sind, wird verzichtet, es wird auf die Literatur verwiesen[65].

Von Friedman-Savage wurde eine zunächst konvexe, dann konkave Nutzenkurve entwickelt, an der also in bestimmten Intervallen Risikoaversion, in anderen Risikopräferenz erklärt werden kann[66]. Die Friedman-Savage-Hypothese des Nutzenverlaufs wurde von Markowitz verbessert[67]; von Mosteller und Nogee wurde sie experimentell zu bestätigen versucht[68]. Mit der Annahme in bestimmten Bereichen zuneh-

---

[63] Zur Kritik der Gossen-Hypothese vgl. *Chapman*, S. J.: The Utility of Income and Progressive Taxation, in: EJ Vol. 23 (1913), S. 25—35; *Viner*, Jacob: The Utility Concept in Value Theory and its Critics, in: JoPE Vol. 33 (1925), S. 369—387 und 638—659; *Marx*, Werner: The Law of Diminishing Marginal Utility of Income, in: Kyklos Vol. 3 (1949), S. 254—272; *Richardson*, G. B.: Information and Investment, (London) 1960, S. 135 f.; *Müller-Groeling*, Hubertus: Maximierung des sozialen Gesamtnutzens und Einkommensgleichheit, Köln—Berlin—Bonn—Heidelberg 1965; und die in Fußn. 65 genannte Literatur.

[64] Risikopräferenz wurde aber auch von den Klassikern für unvernünftig oder gar unmoralisch gehalten (vgl. *Smith*, Adam: An Inquiry into the Nature and Causes of the Wealth of Nations, Vol. 1, Nachdruck der 6. Aufl., London 1899, S. 110; *Marshall*, Alfred: Principles of Economics. An Introductary Volume, 7. Aufl., London 1916, S. 843; *Pigou*, A[rthur] C[ecil]: The Economics of Welfare, 3. Aufl., London 1929, Anhang 1, S. 769). Marshall glaubt sie nur durch das Vergnügen am Spiel erklären zu können (was wiederum, da dies ein nichtfinanzieller Vorteil ist, zur Erklärung des Verhaltens des hier erörterten Investors, der nur finanzielle Vorteile anstrebt, untauglich ist), das normale wirtschaftliche Verhalten dagegen durch Risikoaversion gekennzeichnet sei.

[65] *Friedman*, Milton und L[eonard] S. *Savage*: The Utility Analysis of Choices Involving Risk, in: JoPE Vol. 56 (1948), S. 279—304; *Markowitz*, Harry [M.]: The Utility of Wealth, in: JoPE Vol. 60 (1952), S. 151—158; *Moxter*: Präferenzstruktur und Aktivitätsfunktion des Unternehmens, a.a.O.

[66] *Friedman* und *Savage*: The Utility Analysis of Choices Involving Risk, a.a.O.

[67] *Markowitz*: The Utility of Wealth, a.a.O.

[68] *Mosteller*, Frederick und Philip *Nogee*: An Experimental Measurement of Utility, in: JoPE Vol. 59 (1951), S. 371—404, vgl. auch *Davidson*, Donald, Patrick *Suppes*, Sidney *Siegel*: Decision Making. An Experimental Study, Stanford (Cal.) 1957; *Grayson* Jr., Jackson C.: Decisions under Uncertainty. Drilling Decisions by Oil and Gas Operators, Boston 1960, S. 279—319; *Dolbear*

menden Grenznutzens ist der Gossen-Hypothese widersprochen; die Hypothesen von Friedman-Savage und Markowitz weisen jedoch noch eine Gemeinsamkeit mit ihr auf: Die Stetigkeit des Nutzenverlaufs. Eine Nutzenfunktion mit Unstetigkeitsstellen wurde von Moxter formuliert[69]; sie ist mit der Unteilbarkeit der Bedürfnisse begründet.

Der Verlauf der Nutzenkurven entsprechend der Gossen-Hypothese ist also zumindest fragwürdig. Dann ist aber der in den aus der Literatur bekannten Lösungsversuchen unterstellte Verlauf der Indifferenzkurven ebenfalls fragwürdig. Wenn aber der Verlauf der Indifferenzkurven unbekannt ist, dann ist die explikative Theorie lediglich eine „gelehrte Form des Nichtwissens"[70].

Die aus der Literatur bekannten explikativen Ansätze implizieren noch weitere Prämissen, die hier nur genannt seien. Es wird angenommen, daß die Investoren aus der Entnahmeverteilung, die die Alternativen definiert, eine Vorstellung von Höhe und Sicherheit der Entnahmeerwartung der Alternativen gewinnen[71], anhand der sie die optimale der möglichen Investitionen bestimmen[72]. Es wird außerdem unterstellt, daß unendlich viele Alternativen möglich sind, es daher ebenso viele relevante Alternativen gibt (die Kurve der relevanten Alternativen stetig ist). Diese Annahme ist identisch mit der Annahme, daß die risikopolitischen Mittel (verstanden als Substitution von $H$ durch $S$) beliebig teilbar sind; sie jedoch ist keine die explikative Theorie erst ermöglichende Annahme, vielmehr lediglich der Nachweis, daß selbst in einem extremen Fall, wenn nämlich nicht nur einige, sondern unendlich viele Investitionen möglich sind, das Optimum bestimmt werden kann. In einer explikativen Theorie ist diese Prämisse also nicht kritisch, problematisch ist sie in einer präskriptiven Theorie[73].

Aufgabe der explikativen Theorie ist es, unternehmerisches Verhalten zu erklären. In der Literatur wird jedoch die Auffassung vertreten, daß die Erklärung nicht Selbstzweck, sondern nur ein Mittel zur Voraussage künftigen Verhaltens ist.

---

Jr., Trenery F.: Individual Choice under Uncertainty: An Experimental Study, in: Yale Economic Essays, Vol. 3 (1963), S. 419—470.

[69] *Moxter:* Präferenzstruktur und Aktivitätsfunktion des Unternehmers, a.a.O., insbes. S. 18—23.

[70] *Niehans*, Jürg: Ein neues Werk über ungewisse Erwartungen. Besprechung zu G. L. S. Shackle: Expectation in Economics, Cambridge 1949, in: Schweiz. ZfVolksw. uStat. 86. Jg. (1950), S. 365—369, hier: S. 368.

[71] Ausgenommen die Ansätze von Shackle und Krelle; in ihnen bestimmt der Investor direkt aus der Entnahmeverteilung die Vorteilhaftigkeit der Investition.

[72] Eine Reihe präskriptiver Theorien schlägt vor, entsprechend vorzugehen. Der Vorschlag wird auf S. 113 f. erörtert werden.

[73] Vgl. S. 100.

Unterstellt, die Voraussage ist Aufgabe einer explikativen Theorie, so ist in der Tat das Wissen um das tatsächliche Verhalten der Investoren der Schlüssel zur Voraussage ihres künftigen Verhaltens, denn die Voraussage ist lediglich die zur Erklärung inverse Operation. Die Eignung der explikativen Theorie zur Voraussage künftigen Verhaltens muß allerdings bei ihrem derzeitigen Stand nicht weiter diskutiert werden, zumal überdies eine zeitliche Konsistenz der Präferenzen der Investoren vorausgesetzt werden müßte.

In der Erklärung bzw. Prognose unternehmerischen Verhaltens ist jedoch nicht der einzige Zweck einer Entscheidungstheorie zu sehen, vielmehr besteht auch die Aufgabe das folgerichtige Vorgehen bei Entscheidungsproblemen zu zeigen; dies ist Inhalt des folgenden Teils.

*Zweiter Teil*

# Präskriptive Theorie der Investitionsentscheidung bei Unsicherheit

Problem im folgenden ist es zu bestimmen, welche der möglichen Alternativen, Alternative verstanden als mögliche Objektkombination, der Investor wählen soll[74].

Er soll die Alternative wählen, aus der der höchste Grad der Zielrealisierung resultiert (rationales Handeln[75])[76].

Für eine präskriptive Entscheidungstheorie bedeutet dies, ein zieladäquates Entscheidungskriterium zu entwickeln, d. h. einen Algorithmus zur Bestimmung der Alternative unter den möglichen Alternativen, deren Zielrealisierungsgrad der höchstmögliche ist.

Wie sich der Zielrealisierungsgrad determiniert, wurde durch die Zielfunktion[77] ausgedrückt; die Alternativen sind durch die Definitionsgleichungen[78] beschrieben. Das Entscheidungskriterium muß dann angeben, wie der Zielrealisierungsgrad einer Alternative in den Größen ihrer Definitionsgleichung gemessen werden kann.

---

[74] Im folgenden wird die Literatur nur unter präskriptiven Aspekten gewürdigt. Ob die Investoren Grade der potentiellen Überraschung bilden, wie Shackle glaubt, oder, wie Niehans glaubt, sie die Entscheidung an den Nachteilen einer Alternative gegenüber jener orientieren, die bei einer bestimmten Umweltmaßnahme die beste ist, also ihr die Realität erklärender (explikativer) Wert wird nicht festgestellt; gefragt wird im folgenden nicht, ob sich die Investoren tatsächlich so verhalten, gefragt wird vielmehr allein, ob sie sich vernünftigerweise so verhalten sollten.

[75] Zur Definition rationalen Handelns vgl. etwa *Bössmann*, Eva: Probleme einer dynamischen Theorie der Konsumfunktion, Berlin (1957), S. 53 ff.

[76] Die Maximierungshypothese ist von Simon mit mehreren Argumenten in Frage gestellt; auf S. 67 ff. wird eines seiner Argumente diskutiert werden.

[77] s. S. 22 ff., insbes. S. 25 f.

[78] s. S. 26 ff., insbes. S. 31/32.

## 1. Kapitel

## Das Problem der Prognose der Determinanten
## der Vorteilhaftigkeit der Alternativen

Das Problem der Auswahl der vorteilhaftesten Alternative ist in Teilprobleme zu zerlegen.

Da die Vorteilhaftigkeit einer Alternative durch ihre Entnahmeverteilung bestimmt ist, sind zunächst Fragen zu behandeln, die sich bei der Ermittlung der Entnahmeverteilungen der Alternativen ergeben.

Sind diese Verteilungen ermittelt, so ist die optimale der möglichen Alternativen zu bestimmen. Das Problem ist in zwei Schritten zu bewältigen: Es sind unter den möglichen Alternativen die relevanten, danach ist unter den relevanten Alternativen die optimale zu bestimmen.

Die Ausführungen über die Definitionsgleichungen des Modells zeigten, und das muß hier nicht wiederholt werden, daß die aus einer Alternative mögliche Entnahme determiniert ist durch

$Z_0$      Zustand der Unternehmung in $t_0$

$x_{it}$      Maßnahmen des Investors ...

     $x_{i0}$      ... die gleichzeitig mit dem Objekt $j$ in $t_0$ realisierten Objekte $i$

     $x_{it}$      ... die das Objekt $j$ in $t$ ($t = 1, 2, \ldots, n - 1$) ergänzenden bzw. ersetzenden Objekte $i$

$y_{pqt}$      Maßnahme $p$ des Umweltmitglieds $q$ in $t$ ($t = 0, 1, 2, \ldots, n$)

Bei der Bestimmung der optimalen Entscheidung ist daher zunächst zu klären

— welche Maßnahmen das Umweltmitglied $q$ in $t_0, t_1, t_2, \ldots, t_n$ ergreifen wird (1. Abschnitt);

— welche Objekte dem Investor in $t_0$ (2. Abschnitt) und $t_1, t_2, \ldots, t_{n-1}$ (4. Abschnitt) zu realisieren möglich sind;

— wie der Investor die Investition optimal in den aufgrund der vorangegangenen Investitionen fließenden Zahlungsstrom integrieren kann (3. Abschnitt).

Einer Abgrenzung bedürfen die Determinanten $x_{it}$ und $y_{pqt}$. Zu den $x_{it}$ zählen die künftigen Nachfolger des heutigen Vorhabens; diese verdrängen ihre Vorgänger, weil sie u. a. infolge technischen Fort-schritts besser sind. Da das Anbieten des technischen Fortschritts (mittels der potentiellen Nachfolger $x_{it}$) Maßnahmen der Umwelt sind, könnte man die Determinante $x_{it}$ unter die Determinante $y_{pqt}$ zu subsumieren geneigt sein. Es ist jedoch zu beachten: Nicht das bloße Vorhandensein potentieller Nachfolger, sondern erst deren Realisation bestimmt die Vorteilhaftigkeit eines Vorhabens in $t_0$; die Realisation der $x_{it}$ ist jedoch eine Maßnahme des Investors. Im Gegensatz also zu den Umwelt-maßnahmen determinieren die potentiellen Nachfolger erst bei Akti-vität des Investors, d. h. durch ihre Realisation, die Vorteilhaftigkeit des Vorhabens in $t_0$.

Das Entscheidungsproblem wird im folgenden in einer Matrix formu-liert[79]. In den Zeilen der Matrix sind die $i$ ($i = 1, 2, \ldots$) möglichen Alternativen eingetragen und in den Spalten die $j$ ($j = 1, 2, \ldots$) mög-lichen Konstellationen von Umweltmaßnahmen (und der Grad der Sicherheit, mit dem ihre Realisation erwartet wird)[80]; die Felder der Matrix enthalten den Betrag, den der Investor entnehmen kann, wenn er Alternative $i$ realisiert und Konstellation $j$ eintrifft.

### 1. Abschnitt

### Das Problem der Prognose der Umweltmaßnahmen

Als Umweltmaßnahmen sind die Maßnahmen der Konkurrenten, Lieferanten, Kunden, des Staates und der Natur bezeichnet, die in den Zeitpunkten $t$ Daten für die Maßnahmen des Investors sind.

Problem der Prognose der Umweltmaßnahmen ist es, jede mögliche Maßnahme eines Mitgliedes der Umwelt des Investors festzustellen, einschließlich der Sicherheit, mit der ihre Realisation erwartet werden kann.

Das Problem wird in drei Teilprobleme zerlegt:

(1) Das Problem der möglichen Genauigkeit der Prognose der Umweltmaßnahmen.

(2) Das Problem der Ermittlung des Sicherheitsgrades der Erwar-tung der denkbaren Umweltmaßnahmen.

(3) Das Problem der notwendigen Genauigkeit der Prognose der möglichen Entnahmen der Alternativen.

---

[79] Vgl. *Schneeweiß*, Hans: Das Grundmodell der Entscheidungstheorie, in: Statistische Hefte, N. F., 7. Jg. (1966), S. 125—137.
[80] s. Fußn. 29, S. 20.

## 1. Das Problem der möglichen Genauigkeit der Prognose der Umweltmaßnahmen

In der Literatur besteht Unklarheit über die Genauigkeit, mit der die Prognose der Maßnahmen der Umwelt und damit der Entnahme einer Alternative bei Realisation einer bestimmten Konstellation von Umweltmaßnahmen möglich und notwendig ist.

Es ist zunächst die Frage zu behandeln, mit welcher Genauigkeit es möglich ist, die Umweltmaßnahmen zu prognostizieren. Die Genauigkeit der Prognose einer Konstellation zeigt sich in dem Bereich, in dem die Entnahme streuen kann, wenn sich die betreffende Konstellation realisiert; je enger dieser Bereich angegeben ist, als desto genauer ist die Prognose zu bezeichnen.

In der Literatur wird nun zuweilen behauptet, eine exakte Beschreibung der Konstellationen sei nicht möglich, vielmehr könne man für eine mögliche Entnahme aus einer Alternative bspw. „nur einen Streubereich von 60 bis 100 DM erkennen"[81, 82].

Zur Beurteilung dieser These ist die Unterscheidung der Fälle, daß kein bzw. daß technischer Fortschritt[83] auftritt, notwendig. Es ist hier zunächst das Problem der Genauigkeit der Prognose der in t möglichen Umweltmaßnahmen für den Fall zu erörtern, daß kein technischer Fortschritt auftritt. Das Problem in dem Fall, daß technischer Fortschritt auftritt, wird unten[84] behandelt.

Die genannte These wird nun nur zutreffen, wenn technischer Fortschritt auftritt[85]. Tritt kein technischer Fortschritt auf, ist vielmehr eine genaue Prognose möglich. Die denkbaren Maßnahmen der Zeitpunkte $t_1$, $t_2$ ... sind dann nämlich gegenüber den Maßnahmen, die dem Investor in $t_0$ bekannt sind, unverändert; da er ihre Eigenschaften in $t_0$ kennt, kann er sie auch für t angeben.

Anders ist das Problem, wenn technischer Fortschritt auftritt; dann nämlich unterscheiden sich die Maßnahmen in t von denen dem Investor in $t_0$ bekannten; sie weisen andere Eigenschaften auf, die der Investor in $t_0$ nicht kennt, es sei denn, er hätte die Gabe eines Erfinders und Propheten gleichzeitig.

---

[81] *Koch:* Betriebliche Planung, a.a.O., S. 108.

[82] Vgl. auch *Gutenberg:* Unternehmensführung, a.a.O., S. 80/81; *Krelle:* Unsicherheit und Risiko in der Preisbildung, a.a.O., S. 394—396; *Philipp,* Fritz: Risiko und Risikopolitik, Stuttgart 1967, S. 15 f.

[83] Technischer Fortschritt liegt vor, wenn (durch einen schöpferischen Akt) neue, zum Entscheidungszeitpunkt unbekannte Objekte geschaffen werden; vgl. *Ott,* Alfred E[ugen]: Technischer Fortschritt, in: HdSW Bd. 10, hrsg. von Erwin v. Beckerath u. a., Stuttgart—Tübingen—Göttingen 1959, S. 302—316.

[84] Im Zusammenhang mit der Prognose der Eigenschaften der künftig möglichen Maßnahmen des Investors, S. 85 ff.

[85] Sie läßt sich allerdings erheblich präzisieren; s. S. 86 ff.

Wenn technischer Fortschritt unterbleibt, können die Konstellationen also genau prognostiziert, d. h. die bei den denkbaren Konstellationen aus einer Alternative möglichen Entnahmen in Mark und Pfennig angegeben werden.

Eine andere Frage ist allerdings, ob es notwendig ist, die Konstellationen derart genau in der Matrix anzugeben.

### 2. Das Problem der Ermittlung des Sicherheitsgrades der Erwartung der denkbaren Umweltmaßnahmen

Im folgenden ist zu klären, wie der Grad der Sicherheit ausgedrückt werden kann, mit dem die denkbaren Konstellationen erwartet werden.

In der Literatur wird die Wahrscheinlichkeit als geeignet angesehen, den Sicherheitsgrad der Erwartungen auszudrücken; eine abweichende Auffassung vertritt lediglich Shackle[86].

Zunächst ist daher die These zu prüfen, daß die Wahrscheinlichkeit geeignet ist, den Sicherheitsgrad der Erwartungen wiederzugeben.

Die Wahrscheinlichkeit wird in der Literatur als eine deduktive oder eine induktive Relation verstanden.

Die deduktiv bestimmte Wahrscheinlichkeit eines denkbaren Wertes einer Variablen ist die Wahrscheinlichkeit a priori; sie ist definiert durch den Quotienten aus der Anzahl der ihm günstigen und der Anzahl der möglichen Fälle, wobei angenommen ist, daß die möglichen Fälle gleichmöglich sind. So beträgt bspw. bei einer mit 50 roten und 50 weißen Kugeln gefüllten Urne für das Ziehen einer roten Kugel die Wahrscheinlichkeit 50/100 = 1/2, denn 100 Fälle sind gleichmöglich: 100 Kugeln befinden sich in der Urne, und 50 sind dafür günstig: von diesen 100 Kugeln sind 50 rot.

Als a priori Wahrscheinlichkeit ist sie bezeichnet, weil sie nicht der Erfahrung entstammt, vielmehr der Annahme der Gleichmöglichkeit erwächst. Ersetzt man aber den Ausdruck „gleichmöglich" durch den (synonymen) „gleichwahrscheinlich", ist erkennbar, daß der zu definierende Begriff in der Definition enthalten ist, die Wahrscheinlichkeit a priori also auf einem Zirkel beruht[87]. Sie kann deshalb für das zu untersuchende Problem keine Bedeutung haben und muß im folgenden nicht weiter behandelt werden.

---

[86] Eine (kritische) Darstellung der verschiedenen Konzeptionen der Messung des Grades der Sicherheit der Erwartungen findet sich bei *Georgescu-Roegen:* The Nature of Expectation and Uncertainty, a.a.O.

[87] Vgl. etwa *Mises,* Richard von: Wahrscheinlichkeit, Statistik und Wahrheit (Wien 1928), 3. Aufl., Wien 1951, S. 77 ff. und *Keynes,* John Maynard: A Treatise on Probability, London 1921; deutsch ...: Über Wahrscheinlichkeit, übers. von F[riedrich] M. Urban, Leipzig 1926, S. 29 ff.

Bei den induktiv ermittelten Wahrscheinlichkeiten sind Wahrscheinlichkeiten a posteriori und subjektive Wahrscheinlichkeiten unterschieden.

Die Wahrscheinlichkeit a posteriori findet sich in der Literatur in vielen Fassungen; beispielhaft sei die strenge von v. Mises genannt, der die Wahrscheinlichkeit eines Wertes der Variablen definiert als Grenzwert seiner relativen Häufigkeit in einer über alle Maßen ausgedehnten Beobachtungsfolge[88],[89].

Die geringe Bedeutung auch weniger strenger Definitionen der Wahrscheinlichkeit a posteriori ergibt sich zum einen daraus, daß die Bedingungen ihrer Ermittlung, zum anderen daraus, daß die Bedingungen zu ihrer Anwendung[90] im zu untersuchenden Entscheidungsproblem nicht gegeben sind. Das muß nicht weiter begründet werden; dazu kann auf die Literatur verwiesen werden[91]. Im folgenden muß daher auch die Wahrscheinlichkeit a posteriori nicht weiter behandelt werden.

Neben der Wahrscheinlichkeit a priori und der a posteriori, die, weil sie überindividuell sind, zur objektiven Wahrscheinlichkeit zusammengefaßt werden, behandelt die Literatur die subjektive Wahrscheinlichkeit.

Die subjektive Wahrscheinlichkeit hat eine Relation zwischen einem denkbaren Wert der Variablen und der Information zum Inhalt, über die der Investor verfügt; die darin behauptete Wahrscheinlichkeit bezeichnet den Grad, in welchem die Hypothese, daß der betreffende Wert der Variablen sich realisiert, durch die Information bestätigt wird[92].

---

[88] *Mises:* Wahrscheinlichkeit, Statistik und Wahrheit, a.a.O., S. 14.

[89] Im Urnenbspl.: relative Häufigkeit $= m_r/n$
wobei $n =$ Zahl der Ziehungen aus der Urne,
$m_r =$ Zahl der Ziehungen einer roten Kugel.
Wahrscheinlichkeit für das Ziehen einer roten Kugel: $\lim\limits_{n \to \infty} m_r/n$

[90] In dem Sinne, daß der Erwartungswert das richtige Entscheidungskriterium ist.

[91] Vgl. die Arbeiten von Shackle, etwa *Shackle:* Expectation in Economics, a.a.O., S. 109 ff., und insbes. *Wittmann:* Unternehmung und unvollkommene Information, a.a.O., S. 93 ff.; vgl. auch die Problemstellung, S. 16 ff.

[92] Die Konzeption der (logischen) subjektiven Wahrscheinlichkeit geht auf *Keynes:* A Treatise on Probability, a.a.O., zurück; sie ist jedoch schon bei *Kries,* Johannes von: Logik. Grundzüge einer kritischen und formalen Urteilslehre, Tübingen 1916 und insbesondere *Kries,* Johannes von: Die Principien der Wahrscheinlichkeitsrechnung. Eine logische Untersuchung, 2. Abdruck, Tübingen 1927, angedeutet. Sie findet sich danach bei *Jeffreys,* Harold: Theory of Probability, Oxford 1939; *Kneale,* William: Probability and Induction, Oxford 1949 und insbesondere *Carnap,* Rudolf: Logical Foundations of Probability, Chicago 1950; *Carnap,* Rudolf (und Wolfgang *Stegmüller*): Induktive Logik und Wahrscheinlichkeit, Wien 1959.

Dem Wesen nach subjektiv ist diese Wahrscheinlichkeit nun nur, als die Information bei jedem Investor verschieden ist; ist aber die Information gegeben und die Regeln zur Herstellung der Relation, so stehen die Wahrscheinlichkeiten zu dieser Information in einer rein logischen, insofern objektiven Beziehung[93].

Die subjektiven Wahrscheinlichkeiten sind also nicht wie die objektiven für ein Kollektiv, sondern für den Einzelfall definiert; von ihnen wird dennoch angenommen, daß sie wie die objektiven Wahrscheinlichkeiten zwischen 0 und 1 liegen und zusammen 1 ergeben. Die Wahrscheinlichkeit 0 sagt aus, daß die vorliegende Information den Eintritt des betreffenden Wertes der Variablen, die Wahrscheinlichkeit 1 den Eintritt eines jeden anderen Wertes ausschließt; die zwischen 0 und 1 liegenden Wahrscheinlichkeiten sagen, daß von der verfügbaren Information nicht zwingend auf die Realisation der denkbaren Werte der Variablen geschlossen werden kann, jedoch in dem angegebenen Grad vernünftigerweise mit ihrer Realisation zu rechnen ist.

In der ökonomischen Literatur ist die subjektive Wahrscheinlichkeit in der Regel abweichend von oben definiert, und zwar als Schätzung[94]. Um diese Definition der subjektiven Wahrscheinlichkeit kritisieren zu können, ist es zunächst einmal erforderlich, sie zu erläutern: Geschätzt werden kann ein unbekanntes, aber empirisches Quantum eines Merkmals; ein solches ist die objektive Wahrscheinlichkeit. Daraus läßt sich folgern, daß nach dieser Definition die subjektive Wahrscheinlichkeit als Schätzung der (unbekannten) objektiven Wahrscheinlichkeit verstanden sein soll; expressis verbis findet sich die Auffassung etwa bei Gutenberg[95], Krelle[96], Philipp[97] vertreten.

Die subjektive Wahrscheinlichkeit bei dem zu behandelnden Entscheidungsproblem derart zu definieren, ist jedoch nicht möglich, und zwar deshalb nicht, weil im Fall der einmaligen Investition objektive Wahrscheinlichkeiten nicht existieren; wenn objektive Wahrscheinlichkeiten aber nicht existieren, so können sie auch nicht geschätzt werden.

---

[93] Daß diese Wahrscheinlichkeit als subjektiv bezeichnet wird, kritisieren *Carnap* (und *Stegmüller*): Induktive Logik und Wahrscheinlichkeit, a.a.O., S. 33 in Verbindung mit S. 26/27.

[94] Vgl. die in Fußn. 15 u. 16 S. 15 genannten Arbeiten von Knight, Hart und Tintner; vgl. etwa auch *Moxter*: Bilanzierung und unsichere Erwartungen, a.a.O., S. 612; *Schneider*: Der Einfluß der Steuern auf die unternehmerischen Investitionsentscheidungen, a.a.O., S. 123.

[95] *Gutenberg*: Unternehmensführung, a.a.O., S. 78; *Gutenberg*: Der Absatz, a.a.O., S. 60.

[96] *Krelle*: Unsicherheit und Risiko in der Preisbildung, a.a.O., S. 396 und 409; *Krelle*: Preistheorie, a.a.O., S. 610; *Krelle*, Wilhelm: Optimale Entscheidungen bei Unsicherheit, in: Industrielle Organisation 30. Jg. (1961), S. 515—526, hier S. 521.

[97] *Philipp*: Risiko und Risikopolitik, a.a.O., S. 31.

Diese Definition hat für das zu behandelnde Problem also nicht Bedeutung, weil, wie man in der Literatur glaubt, die objektiven Wahrscheinlichkeiten lediglich unbekannt sind, sie hat vielmehr deshalb keine Bedeutung, weil es keine objektiven Wahrscheinlichkeiten gibt.

Eine Kritik der Literatur, weil sie die subjektive Wahrscheinlichkeit als Schätzung und nicht korrekt als induktive Relation definiert, ist nicht etwa als überflüssige Pedanterie abzutun, denn sie zieht aus dieser Definition Folgerungen, die ihrerseits wieder falsche Entscheidungen zur Folge haben können. Von Hart und Tintner wird nämlich weiter ausgeführt, daß die Wahrscheinlichkeiten selten zutreffend, sie im Regelfall vielmehr nicht zutreffend geschätzt werden können, und dann eine Wahrscheinlichkeitsangabe darüber notwendig sei, daß die Schätzung zutreffend ist, somit doppelte bzw. aufgetürmte Wahrscheinlichkeiten[98] entstünden. Die fehlerhafte Konsequenz dieser Definition liegt dann darin, daß in letzterem Fall ein Kriterium entwickelt wird, in dem zweimal eine Wahrscheinlichkeit als Gewicht auftritt, die (geschätzte) Wahrscheinlichkeit und die Wahrscheinlichkeit des Zutreffens der Schätzung[99], es tatsächlich aber, wie eben gezeigt wurde, nur eine Wahrscheinlichkeit geben kann, eine doppelte Wahrscheinlichkeit im Sinne von Hart und Tintner dagegen logisch unmöglich ist[100].

Mit der doppelten Wahrscheinlichkeit wird die Erscheinung falsch erklärt, daß die Wahrscheinlichkeit, die der Investor bei einer bestimmten Information einem denkbaren Wert der Variablen zuordnet, sich ändert, wenn er zusätzliche Informationen erlangt.

Daraus, daß der Investor im Entscheidungszeitpunkt nicht über alle (erlangbaren) Informationen verfügt, ist aber nicht zu folgern, daß die Wahrscheinlichkeiten lediglich mehrwertig angegeben werden können, neue Informationen dann also zu einer besseren Kenntnis der betreffenden Wahrscheinlichkeiten führen. Neue Informationen führen vielmehr zu neuen Wahrscheinlichkeiten, regelmäßig zu einer weniger breit gestreuten Verteilung der Variablen: Der Investor hält dann weniger Werte für möglich (ihre Wahrscheinlichkeiten sind entsprechend höher) als er bei einer geringeren Information für möglich halten würde.

---

[98] Vgl. *Wittmann:* Unternehmung und unvollkommene Information, a.a.O., S. 53/54.

[99] *Hart:* Risk, Uncertainty, and the Unprofitability of Compounding Probabilities, a.a.O.; *Hart:* Anticipations, Uncertainty, and Dynamic Planning, a.a.O., S. 84 (vgl. auch die Darstellung bei *Jöhr,* Walter Adolf: Die Konjunkturschwankungen (Bd. 2 der Theoretischen Grundlagen der Wirtschaftspolitik), Tübingen und Zürich 1952, S. 396—399); vgl. auch die von Tintner in Fußn. 16, S. 15 genannten Arbeiten und *Krelle:* Preistheorie, a.a.O., S. 99.

[100] denn, wenn es keine (objektiven) Wahrscheinlichkeiten gibt, die man schätzen könnte, so kann man sich auch nicht verschätzen.

Es kann somit festgehalten werden: Die objektiven Wahrscheinlichkeiten haben keine Bedeutung für das zu untersuchende Problem; Bedeutung haben könnte allein die auf Keynes zurückgehende Konzeption der subjektiven Wahrscheinlichkeit. Das zu prüfen, ist Inhalt des folgenden.

Zunächst wird in der Literatur behauptet, sie habe für eine präskriptive Theorie deshalb keine Bedeutung, weil ihre Wahrscheinlichkeiten nicht ermittelbar sind.

Die Ermittlung subjektiver Wahrscheinlichkeiten setzt voraus, daß der Investor über Informationen verfügt und daß es Regeln der induktiven Logik gibt. Infolgedessen könnten subjektive Wahrscheinlichkeiten nicht ableitbar sein, weil entweder der Investor über keine Informationen verfügt und/oder keine Regeln der induktiven Logik existieren. Der Fall, daß keine Wahrscheinlichkeiten ermittelbar sind, wird jedoch nicht damit begründbar sein, daß der Investor über keinerlei Informationen verfügt; daß der Investor ein Wissen von 0 hat, ist nicht gut vorstellbar. Wesentlicher ist eine Begründung des Falls damit, daß keine Regeln der induktiven Logik existieren.

In der ökonomischen Literatur findet sich nur eine auf Krelle zurückgehende Regel zur Bestimmung der subjektiven Wahrscheinlichkeit. Krelle[101, 102] geht davon aus, daß es, wenn die Investition nicht wiederholt wird, keine objektiven Wahrscheinlichkeiten gibt. Wenn auch nicht wirklich, in Gedanken jedoch, meint Krelle, könne man die Investition genügend oft wiederholen. Auf diese Weise gelange man zu relativen Häufigkeiten für die möglichen Entnahmen der (tatsächlich einmaligen) Investition, die Krelle als subjektive Wahrscheinlichkeiten identifiziert.

Krelles Konzeption, in Analogie zu einem wirklichen Experiment Wahrscheinlichkeiten für die möglichen Entnahmen der Investition zu gewinnen, beinhaltet jedoch einen Widerspruch: Was sich aus einem bestimmten Experiment ergibt, hängt von den allgemeinen und den zufälligen Ursachen ab; die zufälligen sind die unbekannt gebliebenen Ursachen. Bei einem wirklichen Experiment ist es nun möglich, die

---

[101] *Krelle:* Unsicherheit und Risiko in der Preisbildung, a.a.O., S. 394—396; *Krelle:* Preistheorie, a.a.O., S. 610—613.

[102] Die Regel hat sich auch in der Literatur verbreitet, vgl. etwa *Schneider,* Dieter: Die wirtschaftliche Nutzungsdauer von Anlagegütern als Bestimmungsgrund der Abschreibungen, Köln und Opladen 1961, S. 81, 117; *Moxter:* Präferenzstruktur und Aktivitätsfunktion des Unternehmers, a.a.O., S. 24; *Huth,* Helmut: Der Einfluß der Gewinnbesteuerung auf Investitionsneigung und Risikobereitschaft des Unternehmers, Diss. Frankfurt/M 1967, S. 106—109 und dort angegebene Literatur; eine Kritik findet sich bei *Niehans,* Jürg: Reflections on Shackle and our Uncertainty about Uncertainty, in Metroeconomica Vol. 11 (1959), S. 74—88, hier S. 83 ff.

Wirkung der zufälligen Ursachen zu beobachten, dadurch, daß man die Variable mehrmals bei konstanten allgemeinen Ursachen ablaufen läßt; sie wird in den relativen Häufigkeiten der möglichen Werte der Variablen sichtbar.

Analog dem wirklichen Experiment relative Häufigkeiten auch zu ermitteln, wenn die Variable tatsächlich nicht wiederholt wird, dadurch, daß sie in Gedanken wiederholt wird, setzt dann jedoch voraus, daß die zufälligen Ursachen bekannt sind. Nur so nämlich läßt sich folgern, welchen Wert die Variable in einem bestimmten Fall annehmen und zu welchen relativen Häufigkeiten der möglichen Werte ihr wiederholter Ablauf führen wird. Wenn aber die zufälligen Ursachen bekannt sind, werden keine Wahrscheinlichkeiten benötigt; man entscheidet dann ja unter Sicherheit. Dieser Widerspruch in der Konzeption beruht darauf, daß Krelle glaubt, in Gedanken beobachten zu können; er ist im Widerspruch von denken und beobachten begründet.

Andere Versuche zur Bestimmung der subjektiven Wahrscheinlichkeit sind nicht bekannt; vielmehr wird in der Literatur bezweifelt[103], ob jemals Regeln der induktiven Logik entwickelt werden können, und sogar zu zeigen versucht, daß dies unmöglich ist[104]. Diese Hinweise mögen hier ausreichen, da solche Regeln zu entwickeln zwar im Interesse der ökonomischen Theorie liegt, aber nicht deren Aufgabe ist; es ist ein Problem der Logik.

Daraus ist aber nicht zu folgern, daß subjektive Wahrscheinlichkeiten abzuleiten (noch) unmöglich ist. Die Wahrscheinlichkeiten, die abzuleiten sind, werden allerdings nicht logisch und in diesem Sinne objektiv, sondern außer von der Information des Individuums auch von dessen momentanem seelischen Zustand abhängig[105], gewissermaßen also doppelt subjektiv sein. Sie geben nicht an, wie sehr der Investor vernünftigerweise mit der Realisation eines Wertes der Variablen rechnen sollte, sondern tatsächlich rechnet; sie geben die Intensität an, mit der der Investor vermutet, daß sich gerade dieser Wert der Variablen realisiert[106].

---

[103] Vgl. etwa *Carnap* (und *Stegmüller*): Induktive Logik und Wahrscheinlichkeit, S. 38 und insbes. S. 69 ff.

[104] *Popper*, Karl R[aimund]: Logik der Forschung, 2. Aufl., übers. von Leonhard Walentik, Tübingen 1966; vgl. auch *Churchman*, C. West: Ungewißheit, Wahrscheinlichkeit und Risiko, übers. von H.-J. Krüger, unkorr. Manuskript der Funkuniversität RIAS—Berlin.

[105] Später als Risikoneigung bezeichnet, s. S. 58 und insbes. S. 121 ff.

[106] Zu dieser (doppelt) subjektiven Wahrscheinlichkeit vgl. *Kyburg* Jr., Henry E. und Howard E. *Smokler* (eds.): Studies in Subjective Probability, New York—London—Sidney (1964), mit Beiträgen von Borel, Ramsey, de Finetti und Savage; s. auch *Finetti*, Bruno de: Recent Suggestions for the Reconciliation of Theories of Probability, in: Jerzy Neyman (ed.): Proceedings of the Second Berkeley Symposium on Mathematical Statistics and Probability, Berkeley und Los Angeles 1951, S. 217—225; *Savage*, Leonard J.: The Foundations of Statistics, New York—London (1954), S. 27—68.

Immerhin, und das ist festzuhalten, es ist möglich, subjektive Wahrscheinlichkeiten abzuleiten, denn sind sie verstanden als Beziehung zwischen einem denkbaren Wert der Variablen und den Informationen, über die der Investor verfügt, so ist das logische Verfahren zwar notwendige Voraussetzung für eine logische subjektive Wahrscheinlichkeit, aber nicht für eine subjektive Wahrscheinlichkeit schlechthin. Notwendige Voraussetzung für eine subjektive Wahrscheinlichkeit ist vielmehr allein, daß der Investor über Informationen verfügt (und gewillt ist, sie auf die denkbaren Werte der Variablen zu beziehen). Bezieht er sie auf die denkbaren Werte der Variablen, und das sollte er, wie zu zeigen sein wird, tun, so gelangt er zu Wahrscheinlichkeiten.

Daraus folgt, daß der in der Literatur behandelte Fall, daß keine Wahrscheinlichkeiten ermittelbar sind[107], logisch nicht möglich ist, es sei denn, er würde so verstanden, daß aufgrund der vorhandenen Information keiner der Werte eine von der einem anderen Wert zugeordneten abweichende Wahrscheinlichkeit aufweist[108]. Ebenso ist der Fall logisch nicht möglich, daß der Investor lediglich Grenzen für den eintretenden Wert angeben kann[109], es sei denn, er würde so verstanden, daß aufgrund der vorliegenden Information den außerhalb der Grenzen liegenden denkbaren Werten Wahrscheinlichkeiten = 0, den innerhalb gelegenen solche > 0 beigelegt werden muß, jedoch keiner der möglichen Werte für wahrscheinlicher erachtet werden kann als ein anderer.

Zusammenfassend läßt sich sagen, daß die Konzeption der subjektiven Wahrscheinlichkeit für eine präskriptive Theorie nicht etwa schon deshalb bedeutungslos ist, weil die Wahrscheinlichkeiten nicht zu ermitteln wären; zu prüfen ist allerdings, ob es rational ist, (subjektive) Wahrscheinlichkeiten bei der Bestimmung des Optimums zu verwenden[110].

---

[107] Vgl. die in Fußn. 18 S. 16 genannte Literatur; vgl. auch etwa *Gutenberg:* Der Absatz, a.a.O., S. 60; *Moxter:* Bilanzierung und unsichere Erwartungen, a.a.O., S. 612; *Krelle:* Preistheorie, a.a.O., etwa S. 98, 238; *Schneider:* Die wirtschaftliche Nutzungsdauer von Anlagegütern als Bestimmungsgrund der Abschreibungen, a.a.O., S. 81.

[108] Die Werte sind gleichmöglich; hier kehrt also das Indifferenzprinzip wieder, allerdings nicht wie bei der Wahrscheinlichkeit a priori oder der sog. Laplace-Regel (vgl. *Albach:* Wirtschaftlichkeitsrechnung bei unsicheren Erwartungen, a.a.O., S. 178/179) als Tatsachenbehauptung, sondern als eine logische Relation; vgl. *Carnap* (und *Stegmüller*): Induktive Logik und Wahrscheinlichkeit, a.a.O., S. 15 und *Keynes:* Über Wahrscheinlichkeit, a.a.O., S. 29 ff.

[109] Vgl. etwa *Egerton*, R. A. D.: Investment Decision under Uncertainty, Liverpool 1960, S. 6; *Albach:* Wirtschaftlichkeitsrechnung bei unsicheren Erwartungen, a.a.O., S. 154; *Krelle:* Preistheorie, a.a.O., etwa S. 238; *Schneider:* Die wirtschaftliche Nutzungsdauer von Anlagegütern als Bestimmungsgrund der Abschreibungen, a.a.O., S. 81, 117.

[110] Insoweit wird allerdings Überlegungen des 3. Kapitels dieses präskriptiven Teils vorgegriffen.

Wahrscheinlichkeiten haben in einer präskriptiven Theorie eine doppelte Funktion:

(1) Sie bestimmen diejenigen der denkbaren Konstellationen, für die festgestellt werden soll, welche der alternativen Investitionen optimal ist; das sind nur diejenigen der denkbaren Konstellationen, deren Realisation der Investor für möglich hält, denen daher eine Wahrscheinlichkeit $> 0$ zugeordnet ist.

(2) Sie relativiert die Entnahme $e_{ij}$, die die Alternative $i$ bei der möglichen Konstellation $j$ induziert.

Beider Effekte wegen wird die Verwendung von subjektiven Wahrscheinlichkeiten in der präskriptiven Theorie in der Literatur als bedenklich bezeichnet.

Zunächst sei die Problematik des ersten Effekts behandelt. In einem Entscheidungsfall, in dem objektive Wahrscheinlichkeiten vorliegen, wird sich kein Wert realisieren, dessen Möglichkeit der Realisation dem Investor nicht vorher dadurch bekannt ist, daß seine Wahrscheinlichkeit $> 0$ ist. In dem zu behandelnden Entscheidungsfall liegen aber nur subjektive Wahrscheinlichkeiten vor. Subjektive Wahrscheinlichkeiten beinhalten jedoch keine Tatsachenaussagen wie objektive, sondern sind lediglich logische Relationen. Liegen mit anderen Worten subjektive Wahrscheinlichkeiten vor, so können sich auch solche Konstellationen realisieren, deren Wahrscheinlichkeit $= 0$ ist.

Der Investor weiß also nicht, ob überhaupt eine seiner Hypothesen über die Maßnahmen der Umwelt zutreffend ist. Zwar vermag er, wenn er sich weiter informiert, seine Vorstellung von der Umwelt der Realität anzunähern[111], immer jedoch wird die Information unvollständig bleiben; er wird nicht vor Überraschungen in dem Sinne sicher sein, daß sich eine Konstellation realisiert, die er aufgrund der ihm verfügbaren Information für unmöglich hielt[112].

Können sich aber Konstellationen realisieren, obwohl ihre Wahrscheinlichkeit $= 0$ ist, so scheint es nicht mehr plausibel, das Optimum allein bezüglich der Konstellationen zu bestimmen, deren Wahrscheinlichkeit $> 0$ ist, vielmehr angebracht, damit einen Verzicht auf Wahrscheinlichkeiten zur Optimumbestimmung zu begründen.

Daß die Konstellationserwartung des Investors möglicherweise nicht die Konstellation umfaßt, die sich dann realisiert, kann jedoch nicht Anlaß einer Kritik der Verwendung subjektiver Wahrscheinlichkeiten

---

[111] Zum Problem der Bestimmung der optimalen Information vgl. S. 67 ff.
[112] Vgl. insbes. die Arbeiten von Simon (s. Fußn. 145 S. 67), etwa *Simon, Herbert A[lexander]*: Theories of Decision-Making in Economic and Behavioral Science, in: AER Vol. 49 (1959), S. 253—283, hier S. 256.

im genannten Sinne sein, sondern ist dem Entscheidungsproblem eigentümlich. Aufgabe der präskriptiven Entscheidungstheorie kann es nur sein, die bezüglich der Information, über die der Investor verfügt, vernünftigste Alternative zu bestimmen, also wenigstens insoweit Zufall und Willkür bei der Entscheidung auszuschalten. Im übrigen bedeutet der Verzicht auf Wahrscheinlichkeiten doch nur, sich mit der Entscheidung auch auf Konstellationen einzustellen, deren Realisation man für unmöglich hält; dies ist aber wohl nicht sinnvoll.

Es kann auf die Problematik des zweiten Effekts einer Verwendung von Wahrscheinlichkeiten bei der Optimumbestimmung übergegangen werden. Niehans[113] lehnt es ab, Wahrscheinlichkeiten über den Zweck des Aussiebens der nichtmöglichen Konstellationen hinaus zu verwenden. Er betont, ein möglicher Wert einer Variablen könne nur entweder eintreten oder ausbleiben[114].

Eine Zwischenlösung, daß er zu 70 %, 80 %, ... eintreffe, gäbe es nicht, folglich sei es auch sinnlos, die verschiedenen Möglichkeiten mit ihrer Wahrscheinlichkeit gewichten zu wollen, denn eine Gewichtung der möglichen Werte der Variablen mit ihren Wahrscheinlichkeiten impliziere diese Annahme.

Wird aufgrund des Niehansschen Arguments auf die Verwendung von Wahrscheinlichkeiten beim Auffinden des Optimums verzichtet, so erscheinen zunächst mehrere der in der Literatur vorgeschlagenen Entscheidungsregeln nicht mehr plausibel, was sich wie folgt zeigen läßt.

Niehans will die möglichen Entnahmen der Alternativen nicht entsprechend ihren Wahrscheinlichkeiten relativieren. Dies bedeutet zunächst, daß der Investor einer weniger wahrscheinlichen Konstellation mindestens die gleiche Aufmerksamkeit zukommen lassen soll wie wahrscheinlicheren. Begründen ließe sich dies damit, daß allein die Entnahme selbst das Ausmaß der Veränderung der materiellen Situation des Investors bestimmt, um deretwillen eine Entscheidung getroffen wird.

Da die niedrigst- bzw. höchstmögliche Entnahme einer Alternative für die Position des Investors die kritischste ist, folgt daraus, daß die

---

[113] *Niehans:* Zur Preisbildung bei ungewissen Erwartungen, a.a.O., S. 444.
[114] Wenn die Entscheidung einmalig ist; zur Begründung (objektiver) Wahrscheinlichkeiten als Gewicht im Einzelfall vgl. *Reichenbach,* Hans: Wahrscheinlichkeitslehre. Eine Untersuchung über die logischen und mathematischen Grundlagen der Wahrscheinlichkeitsrechnung, Leiden 1935; *Popper:* Logik der Forschung, a.a.O.; *Arrow,* Kenneth J.: Alternative Approaches to the Theory of Choice in Risk-Taking Situations, in: Econometrica Vol. 19 (1951), S. 404—437, insbes. das instruktive Bspl. auf S. 415; *Wittmann:* Unternehmung und unvollkommene Information, a.a.O., S. 108 ff. und die dort angegebene Literatur.

Aufmerksamkeit auf die extremen Werte der Verteilung zu konzentrieren ist. Dies wiederum hat die Konsequenz, daß lediglich die Entscheidungsregeln plausibel sind, deren Kriterium ein extremer Wert der Verteilung ist; das sind die Konzeptionen des Maximum Minimorum und des Maximum Maximorum.

Diese Lösungen des Entscheidungsproblems sind aber nicht akzeptabel. Da sie sich aus dem Verzicht auf Wahrscheinlichkeiten begründen, trifft ihre Kritik, die unten[115] expliziert werden wird, zuallererst den Verzicht auf Wahrscheinlichkeiten bei der Optimumbestimmung. Neben diesem auf der einen Seite, beinhaltet auf der anderen Seite der Verzicht auf ein Gewichten mit Wahrscheinlichkeiten das Postulat, bei der Entscheidung auch auf die Information zu verzichten, über die man verfügt, denn die Wahrscheinlichkeiten wurden ja als Zahlen verstanden, in denen die dem Investor verfügbare Information komprimiert ist; in einer Situation, in der man ohnehin schon nur unvollständig informiert ist, auf Informationen zu verzichten, ist aber wohl nicht sinnvoll.

Die Rolle der Wahrscheinlichkeit bei der Entscheidung ist also wie folgt zu verstehen: Ein bestimmter Wert kann eintreffen oder nicht; die Wahrscheinlichkeit gibt nur an, wieviel mehr für sein Eintreffen als für sein Nichteintreffen (das Eintreffen eines anderen Wertes) spricht. Dies wird der Investor sinnvollerweise beachten, es stützt seine Entscheidung; formal entspricht das einer (und nur einer[116]) Multiplikation der möglichen Werte mit ihren Wahrscheinlichkeiten.

Er wird jedoch auch beachten, daß für die Realisation des betreffenden Wertes zwar mehr als für die der anderen spricht, daß sich dennoch ein anderer realisieren kann; dies wiederum entspricht der Verwendung der Wahrscheinlichkeit nur als Gewicht (einem Verzicht darauf, die Entscheidung an einem Wert der Verteilung allein zu orientieren).

Also auch bei der Kritik der Verwendung der Wahrscheinlichkeiten als Gewicht ist die Entscheidungssituation ex ante von der ex post zu unterscheiden; hier ist zu argumentieren wie bei der Begründung der Zielfunktion des Modells[117] und bei der Kritik des typischen Wertes als Entscheidungskriterium[118].

Die Frage, ob subjektive Wahrscheinlichkeiten überhaupt Bedeutung für die Entscheidungsfindung haben, kann damit als geklärt gelten; in Frage gestellt wird in der Literatur jedoch, ob die subjektiven Wahrscheinlichkeiten die Bedeutung haben, die sich aus der beschrie-

---

[115] s. S. 96 ff., insbesondere S. 97 f. und 115 f.
[116] s. S. 112.
[117] s. S. 24.
[118] s. S. 101 f.

benen Form ergibt, und zwar deshalb, weil einerseits keine logischen, sondern nur psychisch determinierte Wahrscheinlichkeiten, andererseits keine subjektiven Wahrscheinlichkeiten von der Form $0 < p_j$; $\Sigma\, p_j = 1$ ermittelbar seien.

Psychisch determiniert heißt, daß die Wahrscheinlichkeiten nicht unabhängig von der Risikoneigung des Investors angegeben werden[119, 120]: Unter sonst gleichen Umständen wird so etwa ein risikoscheuer Investor mehr ungünstige Konstellationen für möglich und die ungünstigen Konstellationen für wahrscheinlicher halten als ein weniger risikoscheuer Investor. Wie die Risikoneigung der Investoren wiederum determiniert ist, wird S. 121 f. skizziert; darüber hinaus muß die Bildung dieser subjektiven Wahrscheinlichkeiten nicht eingehender analysiert werden, das ist ein Problem der Psychologie[121].

Sind die Wahrscheinlichkeiten psychisch determiniert, so ergeben sich im Vergleich zu logischen subjektiven Wahrscheinlichkeiten Konsequenzen hinsichtlich ihrer Bedeutung für eine präskriptive Theorie; darauf wurde eben schon hingewiesen: Der Kalkül ist auch insofern nicht mehr objektiv, als er, aufgebaut auf der individuellen Information, wenigstens logisch ist. Dies wiederum, daß sein Aufbau nicht frei von psychischem Einfluß ist, bedeutet, daß die Entscheidung präjudiziert wird; so werden bei einem von einem risikoscheuen Investor formulierten Kalkül diejenigen Alternativen, die Vorteile bei ungünstigeren Konstellationen aufweisen, eine größere Chance der Realisation erhalten. Das muß jedoch als ein Mangel psychisch determinierter subjektiver Wahrscheinlichkeiten betrachtet werden, denn die Festlegung des Optimums sollte nicht schon bei der Prognose, sondern ausschließlich durch die Entscheidung erfolgen.

Für eine präskriptive Entscheidungstheorie wäre eine nichtlogische Wahrscheinlichkeit also weniger bedeutend als eine logische. Inwieweit

---

[119] Vgl. *Edwards*, Ward: The Theory of Decision Making, in: Psychological Bulletin Vol. 51 (1954), S. 380—417 im folgenden zitiert nach dem Wiederabdruck in *Rubenstein*, Albert H. und Chadwick J. *Haberstroh* (eds.): Some Theories of Organisation, Homewood (Ill.), 1960, S. 385—430, hier S. 403 ff. und die dort besprochene Literatur.

[120] Ein Vergnügen bzw. ein Mißvergnügen des Individuums am Spiel, das bspw. auch nach *Moxter*: Präferenzstruktur und Aktivitätsfunktion des Unternehmers, a.a.O., S. 26, die subjektiven Wahrscheinlichkeiten determiniert, ist bei dem hier zu beratenden Individuum nicht relevant; da dieses Individuum nicht nach nichtfinanziellen Mitteln strebt, s. S. 24, das (Miß-)Vergnügen am Spiel aber nur als ein solches zu deuten ist (vgl. *Davidson, Suppes, Siegel*: Decision Making. An Experimental Approach, a.a.O., S. 17 ff.), können seine Wahrscheinlichkeiten nicht dadurch determiniert sein.

[121] Vgl. etwa *Cohen*, John und Mark *Hansel*: Risk and Gambling. The Study of Subjective Probability, London—New York—Toronto (1956), deutsch: ...: Glück und Risiko. Die Lehre von der subjektiven Wahrscheinlichkeit, übers. von H. Hollmann, Frankfurt/M (1961).

dem Einwand, daß logische subjektive Wahrscheinlichkeiten nicht ermittelbar sind, zuzustimmen ist, wurde bereits gesagt: Bei dem derzeitigen Stand der induktiven Logik muß man sich mit nichtlogischen Wahrscheinlichkeiten begnügen; für eine präskriptive Theorie sind jedoch logische Wahrscheinlichkeiten anzustreben.

In der Literatur findet die subjektive Wahrscheinlichkeit der Form $0 < p_j; \Sigma \, p_j = 1$ Kritik, und zwar in doppelter Hinsicht.

Zum einen wird die Logik dieses Konzepts kritisiert, insbesondere von Shackle, zum anderen wird bestritten, daß solche Wahrscheinlichkeiten ermittelt werden können.

Shackle[122] sieht in der angenommenen Form $0 < p_j; \Sigma \, p_j = 1$ der subjektiven Wahrscheinlichkeiten „insuperable logical difficulties"[123]. Er versucht sie in mehreren Einwänden gegen die Wahrscheinlichkeit aufzudecken[124].

Zu prüfen ist, ob Shackles Einwände die Notwendigkeit eines anderen Maßes der Sicherheit der Erwartungen begründen[125].

Wesentlich unter diesem Aspekt erscheinen lediglich seine beiden ersten Einwände.

1. Einwand: Wenn die Wahrscheinlichkeit ein Index ist, der ausdrückt, wie sehr mit der Realisation eines bestimmten Wertes einer Variablen zu rechnen ist, so sollte er, meint Shackle, sein Maximum dann erreichen, wenn die Realisation des Wertes derart plausibel ist, daß sie nicht überraschen würde.

Nach Shackle liegt somit ein Widerspruch in der Konzeption der Wahrscheinlichkeit, weil ihr Indexmaximum = 1 ist, es aber, obgleich es möglich sein kann, daß die Realisation mehrerer Werte der Variablen nicht überraschen würde, unmöglich ist, mehr als einem dieser Werte den Index von 1 zuzuordnen.

---

[122] *Shackle:* Expectation in Economics, a.a.O.; *Shackle,* G[eorge] L[ennox] S[harman]: Uncertainty in Economics and other Reflections, Cambridge 1955; *Shackle,* G[eorge] L[ennox] S[harman]: Time in Economics, Amsterdam 1958; *Shackle,* G[eorge] L[ennox] S[harman]: Decision Order and Time in Human Affairs, Cambridge 1961; *Shackle,* G[eorge] L[ennox] S[harman]: The Nature of Economic Thought, Cambridge 1966.
[123] *Shackle:* Uncertainty in Economics and other Reflections, a.a.O., S. 26.
[124] Vgl. insbes. *Shackle:* Uncertainty in Economics and other Reflections, a.a.O., S. 17 f.
[125] Eine Kritik der Shackleschen Konzeption findet sich auch bei *Niehans:* Reflections on Shackle and our Uncertainty about Uncertainty, a.a.O. und *Foldes:* Uncertainty, Probability and Potential Surprise, a.a.O.; insbes. in *Shackle:* Decision Order and Time in Human Affairs, a.a.O., setzt sich Shackle mit seinen Kritikern auseinander.

2. Einwand: Da die Indices, davon geht Shackle aus, „intensities of feeling"[126] sind, kann sich (bei gleicher Information) infolge Variation des seelischen Zustands des Investors die Zahl der für möglich erachteten Werte der Variablen erhöhen oder verringern. Die Folge bei der Konzeption der Wahrscheinlichkeit ist, daß sich der Wahrscheinlichkeitsindex laufend ändert, da er sich mit denen der anderen möglichen Werte in den Wert von 1 teilen muß.

Darin erblickt Shackle einen weiteren Mangel der Konzeption der Wahrscheinlichkeit, denn, da sich durch das Hinzukommen bzw. Wegfallen von Möglichkeiten nichts an der Plausibilität der übrigen ändere, müsse dies auch durch einen gleichbleibenden Index ausgedrückt werden.

Beide Einwände gegen die Konzeption der Wahrscheinlichkeit $0 < p_j$; $\Sigma\ p_j = 1$ begründen nach Shackle ein Maß, dessen numerische Werte unabhängig von der Zahl der anderen möglichen Werte und der numerischen Höhe ihres Index zugeordnet werden, also ein Konzept, dessen Indices sich nicht auf 1 oder eine sonstige feste Zahl addieren: Die Indices bleiben unverändert, wenn sich die Zahl der für möglich gehaltenen Werte oder deren Index ändert; das Indexextrem wird bei vollkommener Plausibilität zugeordnet, kann also von mehreren Werten erreicht werden, sofern deren Realisation so plausibel ist, daß sie nicht überraschen würde.

Shackle nennt seine Indices Grade der potentiellen Überraschung; sie geben an, wie sehr der Investor von der Realisation des betreffenden Wertes der Variablen überrascht würde; Werten, deren Realisation derart plausibel erscheint, daß sie nicht überraschen würde, wird ein Index von 0, Werten, deren Realisation weniger plausibel ist, werden entsprechend größere Indices zugeordnet.

Die Grade der potentiellen Überraschung versteht Shackle also als reziproke Plausibilitäten[127]. Plausibel ist aber zunächst ein unbestimmter Terminus. Auf jeden Fall ist plausibel nicht sicher, sondern lediglich ein höherer Grad der Wahrscheinlichkeit; geringere Grade der Plausibilität[128] sind dann Synonyme zu geringeren Graden der Wahrscheinlichkeit: Das Shacklesche Konzept ist somit gewissermaßen ein geköpftes Konzept reziproker Wahrscheinlichkeiten[129, 130].

---

[126] *Shackle*: Expectation in Economics, a.a.O., S. 124.
[127] Zur Plausibilität vgl. *Krelle*: Unsicherheit und Risiko in der Preisbildung, a.a.O., S. 394; *Krelle*: Preistheorie, a.a.O., S. 611/612.
[128] Und nur diese; vgl. die abweichende Ansicht von *Krelle*: Unsicherheit und Risiko in der Preisbildung, a.a.O., S. 405.
[129] Vgl. auch *Georgescu-Roegen*: The Nature of Expectation and Uncertainty, a.a.O., S. 21.
[130] Die Aussage des Shackleschen Konzepts (in der Abb. gepunktet) umfaßt

Mit dieser Erkenntnis schwindet aber auch schon der Widerspruch, den Shackle in der Konzeption der Wahrscheinlichkeit zu erblicken glaube. Ein Index von 1 wird in der Konzeption der Wahrscheinlichkeit nämlich nur zugeordnet, wenn lediglich die Realisation eines Wertes der Variablen und kein weiterer Wert für möglich oder gar plausibel gehalten wird.

Es besteht somit kein Widerspruch in der Konzeption der Wahrscheinlichkeit, sondern nur ein Unterschied zu Shackles Konzept, nämlich der, daß das Indexmaximum nicht schon bei vollkommener Plausibilität, sondern erst bei Sicherheit zugeordnet wird.

Dies ist aber zunächst noch kein Einwand gegen Shackles Konzept; Shackles Konzept erscheint damit vielmehr lediglich als eines neben der Wahrscheinlichkeit.

Ein Einwand ist aber, daß nicht wie im Konzept der Wahrscheinlichkeit der Sicherheitsgrad der Erwartung derjenigen Werte differenziert wird, deren Realisation gleichermaßen nicht überraschen würde[131]. Aus dieser mangelnden Präzision des Shackleschen Konzepts folgt nämlich, daß die verfügbare Information nicht voll ausgenutzt werden kann; für eine präskriptive Theorie erscheint es deshalb weniger wertvoll.

Mit dem zweiten Einwand versucht Shackle die Nichtadditivität seiner Grade der potentiellen Überraschung zu begründen, die jedoch keineswegs sinnvoll erscheint. Berücksichtigt nämlich der Investor weitere Werte im Kalkül, so kann das, bei gleicher Information, nur bedeuten, daß er von der Realisation eines der Werte, die er bislang für möglich hielt, doch nicht so überzeugt ist, daß, wenn sich dennoch einer von ihnen realisierte, er entsprechend mehr überrascht wäre[132]; formal entspricht das einer Reduktion der Wahrscheinlichkeiten derart, daß sie

---

mit anderen Worten nicht den schraffierten Bereich des Konzepts (reziproker) Wahrscheinlichkeiten.

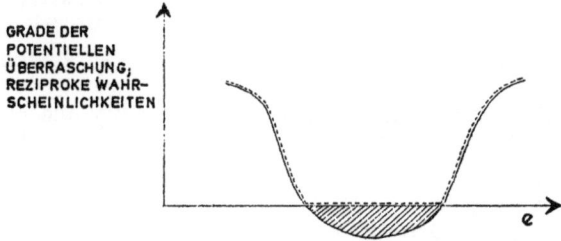

[131] Vgl. *Foldes:* Uncertainty, Probability and Potential Surprise, a.a.O., S. 249; *Carter,* C[harles] F.: A Revised Theory of Expectations, in: EJ Vol. 58 (1953), S. 811—820, hier S. 813 f.
[132] Vgl. auch *Weckstein,* Richard S.: Probable Knowledge and Singular Acts, in: Metroeconomica Vol. 11 (1959), S. 104—118, hier S. 113; *Georgescu-Roegen:* The Nature of Expectation and Uncertainty, a.a.O., S. 21/22.

sich mit den Wahrscheinlichkeiten der neu im Kalkül berücksichtigten Werte auf eine feste Zahl, etwa auf eins, addieren. Es ist also durchaus sinnvoll, das Maß der Sicherheit der Erwartungen additiv zu formulieren[133], d. h. die Indices explizite als Relativzahlen zu verstehen, Zahlen, die angeben, wie sicher die Erwartung im Vergleich zu anderen Erwartungen und zur Sicherheit ist[134, 135].

Wenn nun auch das Maß der Sicherheit zwar als additives Maß begründet ist, so ist damit aber noch nicht begründet, daß sich die Indices gerade auf eins addieren. Diese Form ist vielmehr dadurch begründet, daß allein bei ihr die Regeln der Wahrscheinlichkeitsrechnung angewendet werden können.

Während nun Shackles Kritik die Logik des Konzepts der subjektiven Wahrscheinlichkeit der Form $0 < p_j; \Sigma p_j = 1$ betraf, wird sie in der Literatur auch deshalb für eine präskriptive Theorie für bedeutungslos gehalten, weil Wahrscheinlichkeiten dieser Form nicht ermittelbar seien, man sich vielmehr mit zwar numerischen, aber nichtadditiven Wahrscheinlichkeiten begnügen müsse[136] oder gar nur nichtnumerische Wahrscheinlichkeiten ermittelbar seien[137].

Die geringere Bedeutung solcher Wahrscheinlichkeiten für die präskriptive Theorie liegt auf der Hand: Die Methoden der Wahrscheinlichkeitsrechnung sind auf sie nicht anwendbar. Wieweit der These, daß logische subjektive Wahrscheinlichkeiten der Form $0 < p_j; \Sigma p_j = 1$ zu ermitteln nicht möglich sein wird, zugestimmt werden kann, wird man erst sagen können, wenn man sich näher mit den Voraussetzungen von Regeln der induktiven Logik befaßt hat, insbesondere wird man sehen, wenn solche Regeln entwickelt sind, ob sie Wahrscheinlichkeiten dieser Form zulassen. Alle Ausführungen über die Form logischer subjektiver Wahrscheinlichkeiten sind daher beim derzeitigen Stand der induktiven Logik Spekulation.

In welcher Form psychisch determinierte subjektive Wahrscheinlichkeiten ermittelt werden können, hängt vom Willen des Investors ab, seine von Gefühlen beherrschten Überlegungen zahlenmäßig anzu-

---

133 Vgl. *Niehans:* Reflections on Shackle, Probability and our Uncertainty about Uncertainty, a.a.O., S. 80 f.
134 Vgl. *Foldes:* Uncertainty, Probability and Potential Surprise, a.a.O., S. 249.
135 Ein additives Konzept hat überdies den Vorzug, daß die Erwartungen konsistenter als bei einem nicht-additiven Konzept formuliert werden können, vgl. *Gäfgen,* Gérard: Theorie der wirtschaftlichen Entscheidung, 2. Aufl., Tübingen 1968, S. 342.
136 *Gutenberg:* Unternehmensführung, a.a.O., S. 80; *Gutenberg:* Der Absatz, a.a.O., S. 61.
137 *Gutenberg:* Der Absatz, a.a.O., S. 102/103; *Georgescu-Roegen:* The Nature of Expectation and Uncertainty, a.a.O., S. 29; vgl. auch *Keynes:* Über Wahrscheinlichkeit, a.a.O., S. 14 ff.; *Carnap* (und *Stegmüller*): Induktive Logik und Wahrscheinlichkeit, a.a.O., S. 86 ff.

geben. Mit dem Konzept der hypothetischen Wetten hat man jedoch ein Mittel, den Investor zu Wahrscheinlichkeitsaussagen der angenommenen Form zu zwingen[138, 139, 140].

Auf derselben Ebene wird die These zu diskutieren sein, daß nicht einmal numerische, sondern allenfalls nichtnumerische Wahrscheinlichkeiten zu ermitteln möglich ist.

Die Ergebnisse dieses Abschnitts sind damit folgende:

1. Die Sicherheit der Erwartungen ist mittels Wahrscheinlichkeiten auszudrücken.

2. Für eine präskriptive Theorie ist das Konzept der subjektiven Wahrscheinlichkeiten von Bedeutung. Die subjektive Wahrscheinlichkeit ist eine Relation zwischen der dem Investor verfügbaren Information und einer denkbaren Entnahme einer Alternative; sie gibt den Grad an, in welchem die Hypothese, daß sich diese Entnahme realisiert, durch die Information bestätigt ist.

3. Die subjektiven Wahrscheinlichkeiten sind als Gewicht der denkbaren Entnahmen der Alternativen zu verwenden; damit werden zunächst die möglichen Entnahmen aus den für eine Alternative denkbaren ausgewählt und dann die möglichen Entnahmen (entsprechend ihrer Sicherheit) relativiert.

4. Für jede denkbare Entnahme der Alternative ist eine subjektive Wahrscheinlichkeit abzuleiten vorstellbar. Beim derzeitigen Stand

---

[138] Die subjektiven Wahrscheinlichkeiten des Individuums können mit dem Wettquotienten gemessen werden. Das Individuum wird gefragt, welchen Einsatz es wagen würde, um eine bestimmte Entnahme realisieren zu können; der Quotient aus dem Einsatz, den das Individuum nennt, und der möglichen Entnahme ist dann seine subjektive Wahrscheinlichkeit für diese Entnahme (vgl. die in Fußn. 106, S. 53 angegebene Literatur). Bei Geldwetten gibt der Wettquotient jedoch ein verzerrtes Bild der subjektiven Wahrscheinlichkeit, da ein Verlust von zwei Geldeinheiten meist (dann nämlich, wenn das Individuum risikoscheu ist) mehr als das Doppelte des Verlustes einer Geldeinheit wiegt (vgl. *Davidson, Suppes, Siegel:* Decision Making. An Experimental Approach, a.a.O., S. 9 ff.; *Schneeweiß,* Hans: Entscheidungskriterien bei Risiko, Berlin—Heidelberg, New York 1967, S. 28/29, insbes. Fußn. 1 S. 29). Erst wenn die Einsätze an einer Nutzenskala gemessen werden und dann um Nutzen gewettet wird, ist es möglich, durch die Höhe der Wetteinsätze die subjektive Wahrscheinlichkeit des Individuums zutreffend zu fixieren (vgl. *Ramsey,* Frank Plumpton: Truth and Probability, wiederabgedruckt aus *ders.:* The Foundations of Mathematics and other Logical Essays, in: Kyburg Jr. und Smokler (eds.): Studies in Subjective Probability, a.a.O. und *Gäfgen:* Theorie der wirtschaftlichen Entscheidung, 2. Aufl., a.a.O., S. 335/336.

[139] Zur Ermittlung der subjektiven Wahrscheinlichkeiten in einem praktischen Fall vgl. *Grayson:* Decision under Uncertainty, a.a.O., S. 250—263.

[140] In der Literatur wird auch bezweifelt, daß die Individuen die Wahrscheinlichkeit so angeben können, daß ihre Summe nicht von 1 abweicht, und daß es deshalb nicht sinnvoll sei, für eine präskriptive Theorie ein additives Konzept vorzuschlagen; vgl. dazu jedoch *Cohen* und *Hansel:* Glück und Risiko. Die Lehre von der subjektiven Wahrscheinlichkeit, a.a.O., S. 88—91 und S. 239.

der induktiven Logik ist es jedoch nicht möglich, logische Wahrscheinlichkeiten abzuleiten; die ableitbaren Wahrscheinlichkeiten sind vielmehr psychisch determiniert.

5. Wahrschenlichkeiten können in der Form $0 < p_j;\ \Sigma\ p_j = 1$ abgeleitet werden; dies impliziert die Möglichkeit der Verwendung des Instrumentariums der Wahrscheinlichkeitsrechnung.

### 3. Das Problem der notwendigen Genauigkeit der Prognose der möglichen Entnahmen der Alternativen

Oben wurde festgestellt, daß die Konstellationen beliebig genau prognostiziert werden können.

Wichtiger jedoch als die Frage nach der möglichen Genauigkeit der Prognose der Konstellationen, die außerdem auch davon abhängt, ob technischer Fortschritt auftritt, ist die Frage, mit welcher Genauigkeit sie in der Matrix aufzuführen sind[141].

In der Literatur bestehen in dieser Hinsicht Unklarheiten. Es wird dort zwar auf den Zusammenhang zwischen Genauigkeit und Sicherheit der Prognose der Konstellationen hingewiesen[142], daß, je ungenauer, desto sicherer nämlich eine Prognose ist, da ja dann mehrere Konstellationen in einer zusammengefaßt und ihre Wahrscheinlichkeiten dabei addiert werden; es wird also gesehen, daß eine abnehmende Genauigkeit eine zunehmende Sicherheit der Prognose zur Folge hat, es wird aber nicht gesehen, daß Genauigkeit und Sicherheit der Prognose bei der Erstellung der Matrix nicht beliebig ersetzbar sind.

Es läßt sich jedoch sagen, mit welcher Genauigkeit die Konstellationen in der Matrix anzugeben notwendig und ausreichend ist; ausreichend insofern, als durch eine Zusammenfassung von Konstellationen bis dahin keine für die Entscheidung notwendigen Informationen verlorengehen, und notwendig insofern, als durch eine weitergehende Zusammenfassung die Entscheidung präjudiziert würde.

Zwar würde eine sicherere Erwartung eine Entscheidung besser stützen, jedoch wird mit einer über die notwendige Genauigkeit hinausgehende Zusammenfassung der Konstellationen schon bei der Formulierung des Entscheidungsproblems auf die Wahrnehmung größe-

---

[141] Vgl. *Albach*, Horst: Die Prognose im Rahmen der unternehmerischen Entscheidungen, in: Diagnose und Prognose als wirtschaftswissenschaftliche Methodenprobleme, Bd. 25 der N. F. der Schriften des Vereins für Socialpolitik, hrsg. von Herbert Giersch und Knut Borchardt, Berlin 1962, S. 201—214, hier S. 205 ff.

[142] Vgl. *Loitlsberger*, Erich: Zum Informationsbegriff und zur Frage der Auswahlkriterien von Informationsprozessen, in: Empirische Betriebswirtschaftslehre, Festschrift zum 60. Geburtstag von Leopold L. Illetschko, hrsg. von Erich Loitlsberger, Wiesbaden (1963), S. 115—135, hier S. 134.

rer Entnahmechancen zugunsten höherer Sicherheit verzichtet, und zwar deshalb, weil nur elastischere Alternativen in die Matrix gelangen; Spezialobjekte für die in der aggregierten Konstellation aufgegangenen Konstellationen werden benachteiligt, da ihre möglichen Entnahmen bei der Aggregation gemittelt werden, dadurch aber ihre speziellen Vorteile bei den in der aggregierten Konstellation aufgegangenen Konstellationen unsichtbar werden. Die aus dieser Erwägung heraus notwendige Genauigkeit der Prognose der Konstellationen ist dann diejenige, die es gestattet

— die maximal mögliche Entnahme einer Alternative

— den maximal möglichen Entnahmeunterschied einer Alternative zu den anderen Alternativen (bezüglich jeder Konstellation)

zu erkennen. Die Konstellationen darüber hinaus zu detaillieren, ist deshalb nicht notwendig, weil die Alternativen keinen Unterschied in den $e_{ij}$ bezüglich mancher der $j$ Konstellationen aufweisen würden (oder einen kaum beachtenswerten). Die vorstehenden Überlegungen seien an einem Beispiel verdeutlicht.

Es sind die Investitionen $x_1$, $x_2$, $x_3$ möglich; die Konstellationen sind wie folgt angegeben[143]

$k_1$ — bis 10 absetzbare Produkte

$k_2$ — bis 20 absetzbare Produkte

Matrix 1

|       | $k_1$ | $k_2$ |
|-------|-------|-------|
| $x_1$ | 6     | 9     |
| $x_2$ | 6     | 9     |
| $x_3$ | 9     | 6     |

Den in Matrix 1 angegebenen Alternativen gegenüber ist der Investor indifferent, dies aber nur, weil die Konstellationen zu wenig detailliert angegeben sind; bei richtiger Aggregation ergebe sich vielmehr folgende Matrix 2

$k_1$ — bis  5 absetzbare Produkte

$k_2$ — bis 10 absetzbare Produkte

$k_3$ — bis 15 absetzbare Produkte

$k_4$ — bis 20 absetzbare Produkte

---

[143] Die Konstellationen sind in den folgenden Beispielen gleichwahrscheinlich.

Matrix 2

|       | $k_1$ | $k_2$ | $k_3$ | $k_4$ |
|-------|-------|-------|-------|-------|
| $x_1$ | 4     | 7     | 8     | 10    |
| $x_2$ | 5     | 7     | 8     | 10    |
| $x_3$ | 9     | 9     | 9     | 3     |

Weil für $x_2$ in Matrix 1 nicht der maximal mögliche Unterschied der Entnahme gegenüber hier: $x_1$ angegeben ist, ist nicht sichtbar geworden, daß $x_1$ inferior ist zu $x_2$; außerdem macht Matrix 2 deutlich, daß der Investor keineswegs $x_2$ und $x_3$ gegenüber indifferent sein muß.

Eine weitergehende Detaillierung (Matrix 3) ist nicht notwendig, weil die Entnahmeunterschiede zwischen den Alternativen die gleichen bleiben bzw. sich kaum beachtenswert verändern würden. Die mögliche Genauigkeit der Prognose sei etwa folgende gewesen

.
.
.

$k_5$ — 4 absetzbare Produkte
$k_6$ — 5 absetzbare Produkte
$k_7$ — 6 absetzbare Produkte
$k_8$ — 7 absetzbare Produkte

.
.
.

Matrix 3

|       | ... | $k_5$ | $k_6$ | $k_7$ | $k_8$ | $k_9$ | $k_{10}$ | ... |
|-------|-----|-------|-------|-------|-------|-------|----------|-----|
| $x_2$ |     | 6,8   | 7     | 7     | 7     | 7,1   | 8        |     |
| $x_3$ |     | 8,9   | 9     | 9     | 9     | 9     | 9        |     |

Die Konstellationen $k_5$ bis $k_9$ der Matrix 3 sind aggregierbar (wie in Matrix 2 angegeben), weil der Entnahmeunterschied zwischen den beiden Alternativen bei ihnen jeweils der gleiche ist; die Konstellationen sind in Matrix 2 mit der notwendigen Genauigkeit angegeben.

Unten[144] wird gezeigt, daß es nicht rational ist, Entnahmeunterschiede zwischen den Alternativen als Entscheidungsbasis zu verwenden, die Vorteilhaftigkeit der Alternativen vielmehr allein durch ihre Entnahmen selbst bestimmt ist. Es ist deshalb zu begründen, daß die Entnahmeunterschiede zum Detaillierungskriterium der Angabe der Konstellationen in der Matrix gemacht sind.

Es ist jedoch zu beachten, daß die Entnahmeunterschiede der Alternativen hier nicht zur Bestimmung des Optimums, sondern lediglich zum Aussieben der inferioren Alternativen benötigt werden; eine Alternative $i$ ist einer anderen gegenüber dann inferior, wenn deren Entnahmen positive Unterschiede zu $i$ aufweisen.

## 2. Abschnitt

### Das Problem der Ermittlung der gegenwärtig möglichen Maßnahmen des Investors

Zur Bestimmung des besten Weges muß der Investor wissen, welche Wege ihm überhaupt offenstehen. Dazu ist zu wissen notwendig, mit welchen Maßnahmen der Investor in Zeitpunkt $t_0$ eine Strategie einleiten kann; und, da die Maßnahmen in $t_0$ ein Bündel komplementärer Objekte sein können, ist zu wissen notwendig, welche Objekte in $t_0$ möglich sind.

In der Literatur wird regelmäßig angenommen, daß der Investor im Entscheidungszeitpunkt alle möglichen Maßnahmen kennt. Daß dies eine wirklichkeitsfremde Annahme ist, der Investor vielmehr nur einige Alternativen kennt, darauf hat insbesondere Simon[145] mit allem Nachdruck hingewiesen. Der Investor wisse, so sagt Simon, daß er (u. a.) nicht alle Alternativen kennt; er strebe deshalb, so sagt Simon weiter, auch gar nicht die beste Alternative an, sondern lediglich eine, die seinem Anspruchsniveau[146] genügt, er sei mit anderen Worten kein maximizer, sondern nur ein satisficer.

---

[144] s. S. 93 ff.

[145] *Simon*, Herbert A[lexander]: Administrative Behavior. A Study of Decision-Making Process in Administrative Organization, 2.ed., New York 1957, bes. Kap. 5; *Simon* Herbert A[lexander]: Models of Man. Social and Rational, New York—London—Sydney (1957), Part 4, insbes. Kap. 14; *Simon*, Herbert A[lexander]: The Role of Expectations in an Adaptive or Behavioristic Model, in: Bowman (ed.): Expectations, Uncertainty, and Business Behavior, a.a.O., S. 49—58; *Simon*: Theories of Decision-Making in Economics and Behavioral Science, a.a.O.; *March*, James G. und Herbert A[lexander] *Simon*: Organizations, New York (1958), bes. Kap. 6 und 7; vgl. auch *Katona*, George: Psychological Analysis of Economic Behavior, New York—Toronto—London 1951; *Katona*, George: Rational Behavior and Economic Behavior, in: Psych. Rev. Vol. 60 (1953), S. 307—318.

[146] Der Begriff Anspruchsniveau entstammt der experimentellen Psychologie,

Simons Konzeption erscheint damit der vorgetragenen Konzeption entgegengesetzt, in der unterstellt ist, daß der Investor den Ziel- realisierungsgrad zu maximieren sucht[147]. Simons These gilt es daher zunächst zu prüfen.

Wenn der Investor unvollständig informiert ist und daher auch nicht alle möglichen Objekte kennt, kann er nicht die Alternative, die in $t_n$ die maximale Entnahme erlaubt, bestimmen. Soweit ist Simon zuzustimmen. Der Investor kann sich dieser jedoch nähern, dadurch, daß er sich (über die möglichen Alternativen) informiert.

Zu erklären ist dann allerdings, wann der Investor die Informa- tion abbricht und eine der ihm bis dahin bekannten Alternativen wählt.

Nach Simon bricht sie der Investor ab, wenn er eine Alternative ge- funden hat, die ihn befriedigt. Obwohl er also ahnt, daß u. U. eine bessere Alternative existiert und sie ihm bei einiger Mühe zu finden auch möglich wäre, wendet er diese nicht auf, sondern begnügt sich mit einer ihn befriedigenden Alternative.

Hier schließt Simon allerdings kurz; es ist aber weiter zu fragen, weshalb ihn die betreffende Alternative befriedigt. Die befriedigende Alternative bestimmt sich doch offenbar wie folgt: Der Investor weiß oder vermutet, wie die beste Alternative aussieht, er weiß auch, wieviel Mühe es ihm bereiten wird, sie zu finden. Er ist nun nicht bereit, diese Mühe aufzuwenden, wenn er den daraus erwarteten Vorteil nicht für größer oder mindestens gleich groß erachtet. Daraus wiederum ist erkennbar, daß der Investor zwar nicht diejenige Alter- native zu finden versucht, die bei der sich realisierenden Konstellation die maximale Entnahme in $t_n$ gestattet, er also im objektiven Sinne kein maximizer ist, er jedoch im subjektiven Sinne durchaus ein maximizer ist, wenn er die unter Berücksichtigung der Mühen einer fortgesetzten Suche nach Alternativen und deren Erfolgsaussichten bestmögliche Alternative wählt[148].

---

vgl. Lewin, K., T. Dembo, L. Festinger, P. S. Sears: Level of Aspiration, in: J. McV. Hunt (ed.): Personality and the Behavior Disorders, New York 1944, S. 333—378; die Konsequenzen der Erkenntnisse dieser Autoren für die öko- nomische Theorie herauszuarbeiten, ist der Inhalt der Arbeiten Simons.

[147] Die Maximierungshypothese ist insbesondere im Zusammenhang mit dem Problem der optimalen Information auch von Albach, Horst: Entschei- dungsprozeß und Informationsfluß in der Unternehmensorganisation, in: Erich Schnaufer und Klaus Agthe (Hrsg.): Organisation, Berlin—Baden-Baden (1961), S. 355—402 in Frage gestellt.

[148] Vgl. Lintner, John: Diskussionsbeitrag zu Herbert A. Simon: New Developments in the Theory of the Firm (in: AER Vol. 52 [1962], Papers and Proceedings, S. 1—15), dortselbst S. 23—27, hier S. 25; Moxter: Präferenzstruk- tur und Aktivitätsfunktion des Unternehmers, a.a.O., S. 27/28.

Simons Konzeption steht also keineswegs im Widerspruch zur vorgetragenen Konzeption, nur die Terminologie weicht ab; was nämlich Simon als satisfizierendes Verhalten bezeichnet, ist im subjektiven Sinne maximierendes Verhalten. Die Erkenntnis und psychologische Begründung aber, daß der Investor im objektiven Sinne nicht maximizer, sondern lediglich satisficer ist, ist für die präskriptive Theorie unbedeutend; ihr Problem war immer nur die Bestimmung des subjektiven besten Verhaltens.

Wichtig ist allerdings der Hinweis, daß das (subjektive) Optimum nicht die unter den bekannten Alternativen beste sein muß, sondern zunächst darüber zu entscheiden ist, ob zusätzliche Informationen zu beschaffen sind.

Wenn noch nicht alle in $t_0$ erlangbaren Informationen beschafft sind, ist es nämlich für eine präskriptive Theorie Problem zu klären, ob überhaupt und wieviele zusätzliche Informationen zu gewinnen sind, bevor entschieden wird[149]; Problem dieses Abschnitts ist allerdings lediglich die Entscheidung über die Beschaffung von Informationen über weitere $x_{i0}$[150, 151].

Anlaß einer Informationsbeschaffung ist ein vermuteter Vorteil, entsprechend wie ein vermuteter Vorteil Anlaß einer jeden anderen

---

[149] Vgl. *Marschak*, Jacob: Towards an Economic Theory of Organization and Information, in: Thrall, R[obert] M., C[lyde] H. Coombs, R[obert] L. Davis: (eds.): Decision Processes, London (1954), S. 187—220; *Schlaifer*, Robert: Probability and Statistics for Business Decisions. An Introduction to Managerial Economics under Uncertainty, New York—Toronto—London 1959, S. 330 ff.; *Marschak*, Jacob: Theory of an Efficient Several-Person Firm, in: AER Vol. 50 (1960), Papers and Proceedings, S. 541—548; *Marschak*, Jacob: Remarks on the Economics of Information, in: Contributions to the Scientific Research, Berkeley (Cal.) 1960, wiederabgedruckt als Cowles Foundation Paper No. 146, New Haven (Conn.) 1960; *Grayson* Jr.: Decisions under Uncertainty, a.a.O., S. 320 bis 347; *Modigliani* und *Cohen*: The Role of Anticipations and Plans in Economic Behavior and Their Use in Economic Analysis and Forecasting, a.a.O., S. 69—78; *Stigler*, George J.: The Economics of Information, in: JoPE Vol. 69 (1961), S. 213—225; *Albach*: Entscheidungsprozeß und Informationsfluß in der Unternehmensorganisation, a.a.O.; *Albach*: Die Prognose im Rahmen der unternehmerischen Entscheidungen, a.a.O.; *Loitlsberger*: Zum Informationsbegriff und zur Frage der Auswahlkriterien von Informationsprozessen, a.a.O.; *Theil*, H[enri]: Optimal Decision Rules for Government and Industry, Amsterdam 1964, S. 123 ff.; *Hax*, Herbert: Die Koordination von Entscheidungen, Köln—Berlin—Bonn—München 1965, S. 42—49; *McCall*, John J.: The Economic of Information and Optimal Stopping Rules, in: JoB Vol. 38 (1965), S. 300—317. Auf die Ansätze in der Literatur muß nicht eingegangen werden, da sie ausschließlich die Information über Umweltmaßnahmen behandeln, hier aber allein die Information über weitere Entscheidungsmöglichkeiten des Investors interessiert.

[150] Mit der Information über die Umweltmaßnahmen versucht man zu erfahren, ob einige der möglichen Konstellationen nicht doch wahrscheinlicher sind als man bisher glaubte.

[151] Die für die Suche nach weiteren $x_{i0}$ gewonnenen Einsichten gelten für die Suche nach weiteren $x_{it}$ analog; vgl. auch die Ausführungen S. 85 ff.

Investition ist. Der Investor nimmt an, daß durch die Information eine bessere Alternative als die bisher beste (die als solche noch unbestimmt im Kalkül enthalten sein kann) möglich wird, denn sonst würde er sich nicht informieren.

Wenn nun die Information nichts kostete, so würde der Investor alle Informationsquellen ausschöpfen, um die Vorteilsdifferenz zwischen dem objektiven Optimum und dem bisherigen Optimum möglichst vollständig zu realisieren. Die Information kostet jedoch Geld und Zeit; der Investor wird sich daher nur dann informieren, wenn der daraus erwartete Vorteil dem damit verbundenen Nachteil mindestens gleich ist.

Zu fragen ist nun, worin der Vorteil einerseits und der Nachteil der Information andererseits besteht.

Der Vorteil zusätzlich erlangter Informationen liegt darin, daß die Höhe der Entnahmeerwartung aus einer Entscheidung und/oder deren Sicherheit größer wird.

Inwiefern sich die erwarteten Entnahmen erhöhen können, wenn nach weiteren Alternativen gesucht wird, liegt auf der Hand. Die Sicherheit der Entnahmeerwartung erhöht sich, wenn eine Alternative gefunden wird, deren mögliche Entnahmen weniger stark gestreut sind; im günstigsten Fall findet sich eine Alternative, deren Entnahmeerwartung sicher ist: Sie ermöglicht bei jeder der möglichen Konstellationen die gleiche Entnahme.

Da der zu beratende Investor keine nichtfinanziellen Ziele hat, liegt der Nachteil der Information nicht in der Aktivität begründet, die sie erfordert[152], sondern allein in den Auszahlungen für die Inanspruchnahme der Informationsquellen.

Die Matrix verändert sich durch die Informationsbeschaffung wie folgt:

Matrix 1

|       | $p_1 = 0,5$ $k_1$ | $p_2 = 0,5$ $k_2$ |
|-------|-------------------|-------------------|
| $x_1$ | 9                 | 9                 |
| $x_2$ | 15                | 3                 |

---

[152] s. S. 24/25.

Matrix 2

|       | $p_1 = 0,5$<br>$k_1$ | $p_2 = 0,5$<br>$k_2$ |
|-------|------|------|
| $x_1$ | 8    | 8    |
| $x_2$ | 14   | 2    |
| $x_3$ | 8    | 10   |
| $x_4$ | 14   | 6    |

Die Entnahmen der in der bisherigen Matrix (Matrix 1) enthaltenen Alternativen $x_1$ und $x_2$ erscheinen in der neuen Matrix (Matrix 2) um die in Höhe von 1 angenommenen Auszahlungen für die Informationsbeschaffung reduziert. Bei positivem Erfolg der Information erweitert sich die Matrix etwa um die Alternativen $x_3$ und $x_4$.

Grenzfälle sind die, daß die bisher bekannten Alternativen $x_1$ und $x_2$ inferior werden, sie aus Matrix 2 verschwinden, bzw. Matrix 1 Matrix 2 äquivalent ist, d. h. $x_1$ und $x_2$ inferior gegenüber $x_3$ und $x_4$ und letztere nicht besser als $x_1$ und $x_2$ in Matrix 1 sind.

Da die Alternativen $x_3$ und $x_4$ der Matrix 2 nicht inferior zu den Alternativen $x_1$ und $x_2$ der Matrix 1 sind, ist die Inanspruchnahme der Informationsquelle nicht von vornherein ungünstig; ob sie für den Investor allerdings lohnend ist, hängt von seiner Risikoneigung ab. Ein risikoindifferenter Investor etwa, der, wie unten[153] zu begründen sein wird, nach der Konzeption des Erwartungswertes zu entscheiden hat, wird die Information nur dann als lohnend bezeichnen, wenn aus ihr eine Alternative resultiert, deren Erwartungswert größer ist als der Erwartungswert der Alternativen, die er bereits kannte. Im Beispiel ist das der Fall; der Erwartungswert der Alternative $x_4$ ist größer als der der in Matrix 1 aufgeführten Alternativen $x_1$ und $x_2$.

Die Entscheidung darüber, ob vor der Bestimmung der zu realisierenden Alternative weitere Informationen zu beschaffen sind, besteht also in einer Wahl zwischen Matrix 1 (aus der die optimale Alternative zu bestimmen ist, wenn keine weiteren Informationen beschafft werden) und Matrix 2.

Ein Problem ist die Entscheidung aber erst, wenn die Vorteile bzw. Nachteile der Information vorher unbekannt sind. Wenn man von den Auszahlungen noch annehmen kann, daß sie bekannt sind, so kann man das aber nicht mehr von den aus ihr resultierenden Vorteilen.

---

[153] s. S. 111 ff.

Das Ausschöpfen von Informationsquellen führt zwar immer zu Informationen, diese Informationen können jedoch

(a) nichts aussagen oder

(b) aussagen, daß keine weiteren oder lediglich zu den bekannten inferiore Alternativen möglich sind.

Der aus diesen Informationen resultierende Vorteil ist = 0; es gelangen keine neuen Alternativen in die Matrix, die Entnahmen der bereits bekannten Alternativen vermindern sich aber um die Auszahlung für die Informationsbeschaffung.

(c) auf andere, zu den bekannten nicht inferiore Alternativen hinweisen.

Der aus diesen Informationen resultierende Vorteil ist nicht von vornherein = 0; ob er jedoch tatsächlich > 0 ist, ist an einem Entscheidungskriterium zu prüfen.

Der Vorteil aus den erlangbaren Informationen ist also vor Inanspruchnahme der Informationsquellen unbekannt, es ist nicht einmal bekannt, ob überhaupt ein Vorteil > 0 aus ihnen resultiert; die Beschaffung von Informationen, deren Vorteil = 0 ist, könnte sich der Investor nämlich ersparen und gleich aus den ihm bereits bekannten Alternativen die zu realisierende bestimmen.

Der Investor wird jedoch Erwartungen bezüglich des Vorteils aus den erlangbaren Informationen haben. Es muß hier nicht erörtert werden, wie der Investor diese Erwartungen bilden kann; Problem dieses Abschnitts ist es allein, den Kalkül für die Entscheidung über die Inanspruchnahme einer Informationsquelle zu formulieren.

Die Erwartungen des Investors bezüglich des Vorteils aus der Informationsbeschaffung werden mehrwertig sein. Infolgedessen ist die Matrix 2 zweiseitig mehrwertig: Zum einen ist die Konstellationserwartung mehrwertig und zum anderen ist die bei einer Konstellation $j$ aus der Suche nach weiteren Alternativen erwartete Entnahme mehrwertig. Letztere Erwartung muß nicht immer mehrwertig sein; in manchen Fällen ist bekannt, welche Vorteile die Information bringt, dann nämlich, wenn nur das know how unbekannt ist.

Matrix 2 sieht vor der Information dann wie folgt aus:

Die auch schon in Matrix 1 enthaltenen Alternativen $x_1$ und $x_2$ erscheinen auch in Matrix 2, allerdings mit um die Auszahlungen für die Inanspruchnahme der Informationsquellen reduzierten Entnahmen.

Gegenüber Matrix 1 erweitert sich Matrix 2 um $x_{ii}$ ($i = 1, 2, \ldots$). $p_{ii}\{x_{ii}\}$, $i = 1, 2, \ldots$, gibt die Erwartung des Investors wieder, daß die Suche erfolgreich ist, also zu Alternativen führt, die nicht schon von vornherein schlechter sind als die bereits bekannten; die $x_{i1}, \ldots, x_{ii}, \ldots$

sind also keine tatsächlich möglichen Alternativen, sie sind vielmehr die vom Investor aus der Suche erwarteten Entnahmeverteilungen, die zu den der bereits bekannten Alternativen nicht inferior sind. $p_1$ { $x_1$, $x_2$, ...} gibt die Erwartung des Investors wieder, daß die Suche nicht erfolgreich endet, also aus den bereits bekannten Alternativen, deren Entnahmen allerdings um die Kosten der Informationsbeschaffung reduziert sind, die zu realisierende gewählt werden muß.

Die Wahrscheinlichkeit der Erwartung, daß die Suche nur zu gegenüber $x_1$, $x_2$, ... inferioren Alternativen führt, und die Wahrscheinlichkeiten für die aus der Suche erwarteten nichtinferioren Entscheidungsmöglichkeiten addieren sich zu 1.

| | | $\begin{matrix}p_1\\k_1\end{matrix}$ | $\begin{matrix}p_2\\k_2\end{matrix}$ | ... | $\begin{matrix}p_j\\k_j\end{matrix}$ | $\underset{j}{\sum} p_j = 1$ |
|---|---|---|---|---|---|---|
| $p_1$ { | $x_1$ | | | | | |
| | $x_2$ | | | | | |
| | ⋮ | | | | | |
| $p_{i1}$  $x_{i1}$ | | | | | | |
| $p_{i2}$  $x_{i2}$ | $x_i$ | | | | | |
| ⋮   ⋮ | | | | | | |
| $p_{ii}$  $x_{ii}$ | | | | | | |
| ⋮   ⋮ | | | | | | |

$$p_1 + \sum_i p_{ii} = 1$$

Damit stellt sich das Problem der Entscheidung über die Inanspruchnahme einer Informationsquelle wie folgt: Entweder wird darauf verzichtet, zusätzliche Informationen zu gewinnen, und aus den bereits bekannten Alternativen die zu realisierende gewählt oder die Information riskiert, d. h. der Investor hat zwischen Matrix 1 und der (zweiseitig mehrwertigen) Matrix 2 zu wählen.

Das Problem kann gelöst werden, wenn ein Entscheidungskriterium vorliegt. Ein risikoindifferenter Investor hat bei dieser Entscheidung im ersten Schritt die Alternative aus Matrix 1 zu bestimmen, deren Erwartungswert der größte ist. Im zweiten Schritt hat er für jede Zeile der Matrix 2 den Erwartungswert zu errechnen. Der größte Erwartungswert der Alternativen $x_1$, $x_2$, ...[154] und die Erwartungswerte der (fikti-

---

[154] denn, wenn die Information erfolglos ist, realisiert der Investor ja diejenige der möglichen Alternativen $x_1$, $x_2$, ..., deren Erwartungswert der größte ist.

ven) Alternativen $x_{i1}$, ..., $x_{ii}$, ... geben gemeinsam die mehrwertige Vorteilserwartung des Investors aus der Suche nach Alternativen wieder; sie ist wiederum in einem Erwartungswert zusammenzufassen. Dieser Erwartungswert ist dem maximalen Erwartungswert der Matrix 1 zu konfrontieren: Nur wenn er größer ist als letzterer, ist die Inanspruchnahme der Informationsquelle für den Investor lohnend.

Wird die Information unterlassen, so muß die zu realisierende Strategie aus der bisherigen Matrix gewählt werden. Wird die Informationsinvestition durchgeführt, so muß die zu realisierende Strategie aus der folgenden Matrix 2 gewählt werden.

|  | $k_1$ | $k_2$ |
|---|---|---|
| $x_1$ | 8 | 8 |
| $x_2$ | 14 | 2 |
| ⋮ |  |  |
| $x_i$ | ? | ? |
| ⋮ |  |  |

Wie Matrix 2 aussehen kann, wurde oben [155] gezeigt.

Damit ist darüber entschieden, ob eine bestimmte Informationsquelle angezapft werden soll. Das ist aber nicht das eigentliche Problem bei einer Entscheidung bei Unsicherheit; vielmehr ist dies die Frage, wieviel Informationen beschafft werden sollen, d. h. wieviel Informationsquellen (wie intensiv) angezapft werden sollen, also das Problem der optimalen Information.

Dazu sind die alternativen Informationsinvestitionen zunächst (mittels einer Entscheidungsregel) in eine Rangfolge zu bringen. Es werden diejenigen ausgeschieden, die zu den gleichen Informationen führen wie andere, aber weniger vorteilhaft sind. Die Informationsquellen werden dann in dieser Reihenfolge so lange beansprucht, wie ihr Kriteriumswert noch größer ist als der Kriteriumswert des Informationsstandes, der aus der Inanspruchnahme der vorangehenden Informationsquelle resultiert.

### 3. Abschnitt

## Das Problem der Planung der Alternativen abhängig vom bestehenden Unternehmen

Als Unternehmen ist die aus den vergangenen Entscheidungen resultierende Basis verstanden, auf der aufbauend die Entscheidung des Zeitpunktes $t_0$ optimal sein soll.

---

[155] s. S. 70/71.

Die Bedeutung eines bereits bestehenden Unternehmens für die Entscheidung des Investors zeigt sich einmal darin, daß diese nicht mehr völlig frei bestimmbar ist, sondern in einem durch die vergangenen Entscheidungen determinierten Rahmen, einem System von Beschränkungen, liegen muß, und das anderemal darin, daß die Veränderung der Vorteile aus dem Unternehmen aufgrund der Investition von den Vorteilen verschieden ist, die die Investition für sich allein bringen würde[156].

Für eine präskriptive Theorie ergibt sich ein Problem lediglich aus ersterem, daraus, daß die Entscheidung in Abhängigkeit von Beschränkungen bestimmt werden muß. Die Behandlung des Problems wird nicht dadurch beeinträchtigt, daß das System der Beschränkungen nicht nur aus den vergangenen Entscheidungen des Investors, sondern auch aus Umweltmaßnahmen resultiert. Ein Problem besteht insbesondere deshalb, weil die Beschränkungen unsicher sein können; sie können unsicher sein, weil sie zwar aus vergangenen Entscheidungen des Investors resultieren, aber erst künftig restriktiv wirken und auch deshalb, weil sie durch künftige Umweltmaßnahmen determiniert sind.

Die Lösung derartiger Probleme ist Inhalt des operations research; dessen Lösungsansätze werden daher im folgenden zu überprüfen sein.

Das operations research nimmt das Problem dabei wie folgt formuliert an:

Es wird die die Zielfunktion (1) unter Einhaltung der $r$ Beschränkungen (2), sowie den zusätzlichen Nebenbedingungen (3) (Nichtnegativitätsbedingung) und i.d.R (4) (Ganzzahligkeitsbedingung) maximierende Alternative gesucht.

(1)
$$f(x_1, \ldots, x_i, \ldots) \rightarrow \max!$$

(2)
$$f(x_1, \ldots, x_i, \ldots) \gtreqless b_r$$
$$r = 1, 2, \ldots$$

(3)
$$x_1, \ldots, x_i, \ldots \geqq 0$$

(4)
$$x_1, \ldots, x_i, \ldots \quad \text{ganzzahlig!}$$

wobei bedeuten:

$x_1, \ldots, x_i, \ldots$ die zu einer Alternative kombinierten Objekte
$b_r$ Minimum bzw. Maximum der Restriktionen $r$

---

[156] s. S. 28 ff.

und wobei unsicher sein können[157]:

1. die Koeffizienten in der Zielfunktion, also die Vorteilhaftigkeit der $x_i$

und/oder

2. die Konstanten der Beschränkungen, also $b_r$

und/oder

3. die Koeffizienten in den Beschränkungen, also die Anforderungen des $x_i$ an den knappen Faktor $r$.

Es müssen die aus der Literatur bekannten Lösungsversuche hier nicht im Detail behandelt werden; es genügt, wenn sie systematisiert werden und die Problematik wesensmäßig ähnlicher Ansätze bezüglich des zu lösenden Problems überprüft wird.

Dabei soll die Problematik der aus der Formulierung der Zielfunktion ersichtlichen, wenig wirklichkeitsrelevanten Annahme der Lösungsansätze des operations research, daß der Anteil eines jeden Objekts $x_i$ am Zielwert der Alternative bekannt ist, oder aber keine (horizontalen) Interdependenzen zwischen den zu kombinierenden Objekten bestehen, unberücksichtigt bleiben[158, 159].

Geprüft werden soll also die Bedeutung der Ansätze lediglich hinsichtlich eines Aspekts horizontaler Interdependenzen, der in der Konkurrenz der Objekte bei der Zuteilung der knappen Faktoren zum Ausdruck kommt. Damit ist der Gegenstand des Folgenden abgegrenzt.

---

[157] Zusätzlich können von der Sensitivitätsanalyse die Fälle behandelt werden, daß die 4. Anzahl der möglichen Objekte $i$, 5. Anzahl der möglichen Restriktionen $r$ unbekannt ist.

[158] Vgl. auch *Swoboda*, Peter: Die Ermittlung optimaler Investitionsentscheidungen durch Methoden des Operations Research. Eine Stellungnahme zum Aufsatz von Horst Albach: „Rentabilität und Sicherheit als Kriterien betrieblicher Investitionsentscheidungen", in: ZfB 31. Jg. (1961), S. 96—103, hier S. 96/97 und *Albach*, Horst: Zur Verbindung der Payoff-Methode mit der Kapitalwertmethode in der Investitionsrechnung. Schlußwort zu einer Stellungnahme von Peter Swoboda zu dem Aufsatz: „Rentabilität und Sicherheit als Kriterien betrieblicher Investitionsentscheidungen", in: ZfB 31. Jg. (1961), S. 297—300.

[159] Die Ansätze sehen nicht nur davon ab, daß die von einer Kombination von $i$ Objekten induzierte Entnahme von der Summe der Entnahmen verschieden ist, die die Objekte bei isolierter Realisation induzieren, sondern auch die Sicherheit, vgl. in diesem Zusammenhang die Arbeiten von *Markowitz*, Harry [M.]: Portfolio Selection, in: JoF Vol. 7 (1952), S. 77—91; *Markowitz*, Harry M.: Portfolio Selection. Efficient Diversification of Investments, New York—London (1959). Markowitz hat erkannt, daß die Sicherheit einer Kombination nicht nur von der Sicherheit der kombinierten Objekte, sondern darüber hinaus auch von den zwischen den bereits realisierten und den zu realisierenden Objekten jeweils bestehenden Korrelationen hinsichtlich der Entnahmeentstehung abhängt, und diese Korrelationen in seinem Ansatz berücksichtigt.

Es lassen sich drei Ansätze zur Lösung derartiger Probleme unterscheiden:

Ein erster Ansatz ist dadurch gekennzeichnet, daß die Größen jeweils mit ihrem wahrscheinlichsten Wert angesetzt werden und, da die wahrscheinlichsten Werte nun nur wahrscheinlich sind, deren Unsicherheit dadurch zu entsprechen versucht wird, daß er um eine Nebenbedingung erweitert wird[160].

Ein Beispiel dafür ist ein Ansatz von Albach[161], dem ein modifiziertes[162] payoff-Kriterium[163], in dem das Postulat des Investors ausgedrückt ist, daß sich das in $t_0$ investierte Kapital nach mindestens $\tau$ Perioden amortisiert haben muß, als zusätzliche Nebenbedingung eingefügt ist.

$$\sum_i c_i x_i - \sum_{t=1}^{\tau} \sum_i b_{it}^n x_i \leqq 0$$

wobei bedeuten:

$x_i$       das $i$-te im Programm enthaltene Objekt

$c_i$       die Anschaffungsauszahlung des $i$-ten Objektes

$b_{it}^n$     die (wahrscheinlichste) Nettoeinzahlung des $i$-ten Objektes in $t$ ($t = 1, 2, \ldots$)

Mit der zusätzlichen Nebenbedingung wird also versucht, eine dem Sicherheitsbedürfnis des Investors genügende Lösung zu erhalten.

Die daraus resultierende Problematik des Albachschen Ansatzes, daß er einerseits mehrperiodisch ist, sich andererseits aber nicht mit den Implikationen eines mehrperiodischen Modells beschäftigt, sei hier nicht weiter untersucht[164].

---

[160] Vgl. etwa *Albach:* Rentabilität und Sicherheit als Kriterien betrieblicher Investitionsentscheidungen, a.a.O.; *Albach,* Horst: Das optimale Investitionsbudget bei Unsicherheit, in: ZfB 37. Jg. (1967), S. 503—518, hier insbes. S. 509 bis 516 (s. dazu auch S. 130 f. dieser Arbeit).

[161] *Albach:* Rentabilität und Sicherheit als Kriterien betrieblicher Investitionsentscheidungen, a.a.O.

[162] Die payoff-period wird nicht für einzelne $x_i$, sondern für die ganze Objektkombination postuliert.

[163] Zur payoff-Methode vgl. *Albach:* Wirtschaftlichkeitsrechnung bei unsicheren Erwartungen, a.a.O., S. 218; *Schindler,* Heinz: Investitionsrechnungen in Theorie und Praxis, Meisenheim am Glan 1958, S. 154—170 und die dort jeweils angegebene Literatur. Zur Kritik der Behandlung des Unsicherheitsproblems durch Integration der payoff-Methode in ein Programmierungsmodell, vgl. *Moxter:* Lineares Programmieren und betriebswirtschaftliche Kapitaltheorie, a.a.O., S. 307; zur Kritik der Behandlung des Unsicherheitsproblems durch die von Albach modifizierte Payoff-Methode vgl. *Swoboda:* Die Ermittlung optimaler Investitionsentscheidungen durch Methoden des Operations Research, a.a.O., S. 101.

[164] Um die Behandlung der im folgenden darzustellenden Lösungsversuche auf das in diesem Abschnitt Wesentliche zu zentrieren, sei angenom-

Hier interessiert nur die Auseinandersetzung Albachs mit dem Problem der Mehrwertigkeit der Erwartung; und diesbezüglich ist der Ansatz insofern problematisch, als sich nicht der wahrscheinlichste Wert der Restriktion realisieren muß, der tatsächliche Wert der Restriktionen vielmehr ungünstiger ausfallen kann als es die Lösung erfordert, diese somit nicht innerhalb des Systems der Beschränkungen zu liegen kommt, in Wirklichkeit also unzulässig ist.

Eine Auseinandersetzung mit der Unsicherheit in den Beschränkungen scheint bei diesem Ansatz somit zu fehlen. Sie ist aber das zentrale Problem, denn eine falsche Einschätzung der Koeffizienten der Zielfunktion kann lediglich dazu führen, daß die Struktur des als Lösung ausgeworfenen Programms nicht optimal ist, der Zielwert also geringer als errechnet ausfällt; unzutreffende Engpaßerwartungen dagegen können dazu führen, daß ein in Wirklichkeit unzulässiges, eins, das gar nicht realisiert werden kann, als optimales Programm ermittelt wird[165].

Nun kann aber dem skizzierten Lösungsversuch nicht zum Vorwurf gemacht werden, daß er das Problem, daß der tatsächliche Wert der Restriktion vom angesetzten abweichen kann, ignoriert. Der Ansatz versucht dem Problem nämlich dadurch gerecht zu werden, daß die zusätzliche Nebenbedingung formuliert wird.

Da mit zunehmendem zeitlichen Abstand die Prognose immer unsicherer, d. h. die Wahrscheinlichkeit der wahrscheinlichsten Werte immer geringer wird[166], erreicht Albach mit der zusätzlichen Nebenbedingung, daß ein Programm als Lösung ermittelt wird, das sich in einem Zeitraum amortisiert, in dem die Wahrscheinlichkeiten der wahrscheinlichsten Werte noch so hoch sind, daß der Investor sich nicht veranlaßt sieht, mit einer Abweichung der tatsächlichen von den angesetzten Restriktionswerten zu rechnen, dem Investor die Gefahr, daß das Programm unzulässig ist, genügend gering ist.

---

men, daß der in $t_0$ beginnende Investitionsprozeß in $t_1$ beendet ist, er also nur eine Periode und das Unternehmen nur noch eine Periode dauert; dadurch ergeben sich folgende Vereinfachungen
— die Notwendigkeit einer Berücksichtigung der den Maßnahmen des Zeitpunktes $t_0$ in $t_1$, $t_2$, ... folgenden Maßnahmen ist nicht gegeben, d. h. die Ansätze müssen nicht noch hinsichtlich der Problematik ihrer Behandlung der vertikalen Interdependenzen geprüft werden;
— die Annahme der Konstanz der Nebenbedingungen ist berechtigt; vgl. *Swoboda*: Die Ermittlung optimaler Investitionsentscheidungen durch Methoden des Operations Research, a.a.O., S. 100; *Moxter*: Lineares Programmieren und betriebswirtschaftliche Kapitaltheorie, a.a.O., S. 295.
[165] Vgl. *Jaensch*, Günter: Das optimale Investitionsbudget bei unsicheren Erwartungen, unveröff. Manuskript, S. 39 ff.
[166] Vgl. dazu die anschauliche Graphik bei *Higgins*, Benjamin: A Diagrammatic Analysis of the Supply of Loan Funds, in: Econometrica Vol. 9 (1941). S. 231—240 und *Krelle*, Wilhelm: Theorie der wirtschaftlichen Verhaltensweisen, Meisenheim—Wien 1953, S. 18.

Albach setzt sich also durchaus mit dem Problem der Mehrwertigkeit in den Beschränkungen auseinander, allerdings lediglich implizit. Und dies ist in anbetracht der Relevanz des Problems unzureichend; dies muß hier nicht mehr weiter begründet werden.

Es ist vielmehr notwendig, sich mit der Mehrwertigkeit der Größen in den Restriktionsgleichungen explizit auseinanderzusetzen; dies tun die Ansätze des stochastischen Programmierens[167], die Gegenstand des Folgenden sind.

Um beim Wesentlichen des Problems bleiben zu können, sei im folgenangenommen, daß lediglich die Koeffizienten in den Beschränkungen und die Restriktionen selbst unsicher sind, die Koeffizienten in der Zielfunktion dagegen sicher.

Das Problem unsicherer Engpaßerwartungen wird nach einem grundsätzlich möglichen Ansatz des stochastischen Programmierens[168] derart angegangen, daß der Bereich der Entscheidungen, deren Realisierung überhaupt infrage kommt, so weit eingeengt wird, daß für jede dann noch wählbare Entscheidung die Wahrscheinlichkeit $p$, daß die Lösung zulässig ist, größer als eine bestimmte Schranke $\bar{p}$, bspw. $\bar{p} = 0{,}95$ ist, die Verletzung der Nebenbedingung also mit hinreichend großer Wahrscheinlichkeit ausgeschlossen ist.

$$p\,[f(x_1, \ldots, x_i, \ldots) \lessgtr b_r] \geqq \bar{p}$$

$$\text{wobei } 0 \leqq \bar{p} \leqq 1$$

Wird $\bar{p} = 1$ gesetzt, so bedeutet das, daß lediglich die Realisierung solcher Alternativen erwogen wird, die selbst den ungünstigsten der für möglich gehaltenen Werte der Restriktion genügen[169].

---

[167] Für Übersichten s. *Madansky*, A[lbert]: Methods of Solution Linear-Programs under Uncertainty, in: OR Vol. 10 (1962), S. 463—471; *Theil*, H[enri]: Some Reflections on Static Programming, in: Weltwirtschaftliches Archiv Bd. 87 (1961), S. 124—138; *Schneeweiß*, Hans: Ein allgemeines Schema des stochastischen Programmierens, in: Statistische Hefte 3. Jg. (1962), S. 131—157; *Hadley*, G.: Nonlinear and Dynamic Programming, Readings (Mass.)—Palo Alto—London (1964); *Näslund*, Bertil: Mathematical Programming under Risk, in: The Swedish Journal of Economics 1965, S. 240—255; *Jaensch*: Das optimale Investitionsbudget bei unsicheren Erwartungen, a.a.O.
[168] Vgl. *Charnes*, A. und W. W. *Cooper*: Chance-Constrained Programming, in: MS Vol. 6 (1959), S. 73—79; *Charnes*, A. und W. W. *Cooper*: Deterministic Equivalents for Optimizing and Satisficing under Chance Constraints, in: OR Vol. 11 (1963), S. 18—39; *Charnes*, A., W. W. *Cooper*, G. H. *Symonds*: Cost Horizons and Certainty Equivalents: An Approach to Stochastic Programming of Heating Oil, in: MS Vol. 4 (1958), S. 235—263; *Panne*, C. van de, W. *Popp*: Minimum-Cost Cattle Feed under Probabilistic Protein Constraints, in: MS Vol. 9 (1963), S. 405—430. Siehe auch die Anwendungen des Ansatzes von Charnes und Cooper bei *Albach*, Horst: Zur Finanzierung von Kapitalgesellschaften durch ihre Gesellschafter, in: Zfdges.Staatsw. 118. Bd. (1962), S. 651—687 und

Es ist jedoch zu beachten, daß nicht alle Restriktionen derart restriktiv sind, daß sie keinesfalls verletzbar sind, d. h. wenn sie verletzt werden, das Programm undurchführbar wird. Einige Beschränkungen vielmehr können verletzt werden; zwar entstehen dadurch, daß das Programm u. U. dann den Wirklichkeit gewordenen Restriktionen angepaßt werden muß, Umstellungskosten. Wenn diese jedoch nicht unverhältnismäßig hoch zu werden drohen, kann es lohnend sein, die Beschränkungen weniger restriktiv anzusetzen.

In Wirklichkeit besteht damit folgendes Problem: Wird eine Beschränkung weniger restriktiv angesetzt, so ist dies gleichbedeutend damit, daß ein Programm als Lösung ausgeworfen wird, das die knappen Faktoren besser ausnutzt. Ein weniger restriktiver Ansatz beschwört dann aber die Gefahr herauf, daß die als Lösung ausgeworfene Alternative umgestellt werden muß, wenn sich ein ungünstigerer als der angesetzte Wert realisiert. Eine Restriktion muß also in der Spannung zwischen der Chance höherer Entnahmen durch bessere Ausnutzung der knappen Faktoren und dem Risiko entgehender Entnahmen durch notwendig werdende Umstellungsmaßnahmen angesetzt werden. Dies tut der dargestellte Ansatz des stochastischen Programmierens allenfalls implizit.

Es ist jedoch notwendig, diese Überlegungen explizit zu berücksichtigen, indem gezeigt wird, welche Risiken und Chancen, also welche Entnahmeverteilung, die Mehrwertigkeit der Restriktionen induziert; dies tut ein zweiter Ansatz des stochastischen Programmierens[170].

Dieser Ansatz ist dadurch gekennzeichnet, daß er die Möglichkeit antizipiert, daß die Lösung nicht in dem durch $b_r$ determinierten Rahmen zu liegen kommt und es notwendig werden wird, umzustellen.

Der Investor muß die möglichen Abweichungen von dem angesetzten Wert der Restriktion feststellen, mit den Auszahlungen für notwendig werdende Umstellungsmaßnahmen bewerten und als negative Ge-

---

*Albach:* Das optimale Investitionsbudget bei Unsicherheit, a.a.O.; *Näslund,* Bertil und Andrew *Whinston:* A Model of Multi-Period Investment under Uncertainty, in: MS Vol. 8 (1962), S. 184—200.

[169] Eine Lösung also, die der Konzeption des Maximum Minimorum analog ist.

[170] *Dantzig,* George B.: Linear Programming under Uncertainty, in: MS Vol. 1 (1955), S. 197—206; *Dantzig,* George B.: Linear Programming and Extensions, Princeton, N. J., 1963, deutsch . . .: Lineare Programmierung und Erweiterungen, übers. von Arno Jaeger, Berlin—Heidelberg—New York 1966; *Ferguson,* Allen R. und George B. *Dantzig:* The Allocation of Aircraft to Routes — an Example of Linear Programming under Uncertain Demand, in: MS Vol. 3 (1956), S. 45—73; *Elmaghraby,* Salah E.: Allocation under Uncertainty when the Demand has Continuous d. f., in: MS Vol. 6 (1960), S. 270—294.

wichte in die Zielfunktion einsetzen, sozusagen als potentielle Strafe dafür, daß die Lösung nicht zulässig ist; die Zielfunktion erhält dann folgende Form:

$$\sum_i x_i \sum_i e_{ij} p_{ij} + \sum_r \sum_j d_{rj} p_{rj} = \text{max}!$$

wobei bedeutet

$d_{rj}$      die aus dem Eintreffen der Konstellation $j$ folgende (bewertete) Abweichung der Restriktion $r$ vom angesetzten Wert.

Von den Restriktionen bleiben nur noch diejenigen, die entweder sicher sind oder keinesfalls überschritten werden dürfen, entweder, weil keine Umstellungsmaßnahmen ergriffen werden können, oder die Auszahlungen dafür unangemessen hoch wären, und die deshalb mit dem ungünstigsten der möglichen Werte angesetzt werden.

Die Zielfunktion ist in einer Entscheidungsregel (hier: Erwartungswert) formuliert. Die Absicht dabei ist klar: Die mehrwertige Angabe der Größen soll in eine einwertige reduziert, der stochastische Ansatz also in einen deterministischen und damit lösbaren umgewandelt werden; mit anderen Worten, die Lösung des Problems setzt eine (operable) Entscheidungsregel voraus. Die aus der Literatur bekannten Entscheidungsregeln sind aber, wie unten zu zeigen sein wird[171], problematisch. Da sie solche Entscheidungsregeln voraussetzen, sind die Ansätze des stochastischen Programmierens daher gleichermaßen problematisch[172].

Ein Verfahren, das Rechnung und Entscheidung trennt, bei dem eine operable Entscheidungsregel also nicht wesentlicher Bestandteil ist, und daher als Alternative zur stochastischen Programmierung betrachtet werden kann, ist die Sensitivitätsanalyse[173].

Bei ihr wird zunächst die Lösung auf der Basis des wahrscheinlichsten Wertes der Größen bestimmt. Da die wahrscheinlichsten Werte

---

[171] s. S. 96 ff.

[172] Vgl. *Hitch*, Charles: Uncertaintier in Operations Research, in: OR Vol. 8 (1960), S. 437—445 als Vertreter des operations research, und *Moxter*, Adolf: Grenzen der Verfahrensforschung (Operations Research) im betriebswirtschaftlichen Bereich, in: DÖB 13. Jg. (1963), S. 181—205.

[173] Vgl. *Garvin*, Walter G.: Introduction to Linear Programming, New York—Toronto—London 1960, S. 49 ff. und S. 220 ff.; *Kern*, Werner: Die Empfindlichkeit linear geplanter Programme, in: Angermann, Adolf (Hrsg.): Betriebsführung und Operations Research, Frankfurt/M 1963, S. 49—79; *Gass*, Saul I.: Linear Programming. Methods and Applications, 2. ed., New York—San Franzisco—Toronto—London (1964), S. 123 ff.; *Joksch*, H[ans] C.: Lineares Programmieren, 2. Aufl., Tübingen 1962, S. 101 ff.; vgl. in diesem Zusammenhang auch *Krelle*: Unsicherheit und Risiko in der Preisbildung, a.a.O., S. 423 bis 426.

aber nur wahrscheinlich, nicht sicher sind, muß diese Lösung nicht das gesuchte Optimum sein. Zur Bestimmung des Optimums bedarf es vielmehr eines ergänzenden Kriteriums. Diese Ergänzung sieht die Sensitivitätsanalyse in der Empfindlichkeit bzw. deren Reziprok, der Stabilität der Lösung. Mit der Stabilität wird der Bereich angegeben, in dem die der Rechnung zugrunde liegenden Werte schwanken dürfen, ohne daß die Lösung schlechter als andere Lösungen bezüglich der betreffenden Werte wird. Die Stabilität spiegelt damit die Sicherheit der Lösung wider.

Es sind dann für andere mögliche Werte, für die die erste Lösung nicht stabil ist, die Lösungen zu errechnen und deren Stabilität zu bestimmen usw.

Ist bei der Formulierung des Programms bereits bekannt, wie die Beschränkung variieren kann, so braucht man bei einer Methode der Sensitivitätsanalyse, dem parametrisch (linearen) Programmieren, den wahrscheinlichsten Wert der Restriktion nur um einen entsprechenden Parameter zu erweitern.

$$f(x_1, \ldots, x_i, \ldots) \gtrless b_r + \varDelta\, b_r$$

für verschiedene $\varDelta$

und kann derart die Lösung für beliebige Bereiche der Restriktion $r$, in denen sie stabil sein soll, bestimmen; gleichzeitig ist es möglich, die Beziehung zwischen Änderung der Stabilität und Änderung des Zielwerts zu überprüfen.

Existiert eine Lösung, die jedem möglichen Wert der Restriktion genügt, so besteht kein Entscheidungsproblem; die Alternative dominiert die anderen, sie wird gewählt. Die Bestimmung der zu realisierenden Alternative ist dann lediglich ein Rechenproblem.

Ein Entscheidungsproblem entsteht erst, wenn Alternativen nur über gewisse Teile des Bereichs der möglichen Restriktionswerte die anderen Alternativen dominieren. Die zu realisierende Alternative wird dann nämlich nicht durch die Rechnung, sondern erst durch die individuelle Risikoneigung des Investors determiniert: Der risikofreudige Investor wird eine Alternative mit zwar geringerer Stabilität, dafür aber höherem Zielwert vorziehen, der risikoscheue Investor dagegen eine stabilere Lösung, selbst wenn ihr Zielwert niedriger ist.

Die Sensitivitätsanalyse beschränkt sich also auf die Formulierung des Entscheidungsproblems. Damit ist der Grundgedanke der Sensitivitätsanalyse skizziert.

Ihre Problematik kann an einem Beispiel gezeigt werden: Der Investor halte die Konstellationen (hier: Werte der Restriktion) $k_1, \ldots,$ $k_j, k_{j+1}, \ldots, k_k$ für möglich.

Die Rechnung habe ergeben, daß bezüglich der (wahrscheinlichsten) Konstellation $k_1$ eine Alternative $x_1$ optimal sei; $x_1$ sei aber auch bezüglich anderer Konstellationen bis einschließlich $k_j$ optimal. Größer als der Bereich $k_1 - k_j$ sei der Stabilitätsbereich von $x_1$ allerdings nicht.

Bezüglich $k_{j+1}$ sei vielmehr eine Alternative $x_2$ optimal, deren Stabilitätsbereich dann aber bis einschließlich $k_k$ reiche. Eine Alternative, die den ganzen für möglich gehaltenen Bereich deckt, gebe es nicht.

Die Konsequenz des Ansatzes der Sensitivitätsanalyse ist es, daß sich der Investor lediglich zwischen $x_1$ und $x_2$ entscheiden kann und weitere Alternativen unbeachtet bleiben.

Das kann ein Fehler sein, denn obwohl etwa eine Alternative $x_3$ bei keiner der möglichen Konstellationen besser ist als $x_1$ bzw. $x_2$ (und deshalb auch nie als Lösung ausgeworfen wird), kann sie dennoch die beste der drei Alternativen sein, wie folgende Matrix andeutet, in der die Entnahmen der Alternativen bei jeder der möglichen Konstellationen angegeben sind[174, 175].

|        | $k_1$ | ... | $k_j$ | $k_{j+1}$ | ... | $k_k$ |
|--------|-------|-----|-------|-----------|-----|-------|
| $x_1$  | 9     |     | 8     | 4         |     | 1     |
| $x_2$  | 2     |     | 5     | 8         |     | 8     |
| $x_3$  | 7     |     | 7     | 7         |     | 7     |

Die Sensitivitätsanalyse formuliert das Entscheidungsproblem mit anderen Worten unvollständig; in die Entscheidungsmatrix gelangen nämlich nur solche Alternativen, die bezüglich irgendeiner der $j$ Konstellationen besser sind als alle, jedoch nicht solche, die zwar nur besser als einige oder eine der anderen Alternativen, aber auch nicht inferior

---

[174] D. h., die vom Investor gewählte Zeile der Matrix muß nicht eine solche sein, in der ein Spaltenmaximum steht.
[175] Diese Aspekte der Kritik treffen auch auf die sog. Methode der kritischen Werte zu (vgl. *Schneider:* Wirtschaftlichkeitsrechnung, a.a.O., S. 62 ff.; *Kilger,* W[olfgang]: Kritische Werte in der Investitions- und Wirtschaftlichkeitsrechnung, in: ZfB 35. Jg. (1965), S. 338—353 und dort angegebene Literatur), die der Sensitivitätsanalyse analog ist; bei ihr wird nicht wie bei der Sensitivitätsanalyse geprüft, bezüglich welcher Änderungen der Größen des Kalküls eine Alternative gerade noch die beste bleibt, sondern gerade noch eine Entnahme $> 0$ ermöglicht.

sind. Notwendig ist es aber, für jede nichtinferiore Alternative die Entnahme bei jeder der möglichen Konstellationen zu bestimmen; erst dann ist das Entscheidungsproblem vollständig formuliert.

Wird die vollständige Entscheidungsmatrix angestrebt, so sind dafür die Sensitivitätsanalyse und überhaupt Methoden des operations research ohne Bedeutung. Zu einer vollständigen Entscheidungsmatrix gelangt man nur, wenn man für jede Alternative die Entnahme antizipiert, die sie bei einer möglichen Konstellation induziert[176].

Damit ist klar, daß die Sensitivitätsanalyse für die Unsicherheitstheorie nicht grundlegend sein kann; ihre sonstige Bedeutung, insbesondere als praktikable Methode, ist hier nicht zu prüfen[177].

Die Ergebnisse dieses Abschnitts sind damit folgende:

1. Zur Bestimmung eines Optimums in Abhängigkeit von (unsicheren) Restriktionen sind im Bereich des operations research drei wesensverschiedene Ansätze auszumachen.

2. Ein erster Ansatz ist dadurch gekennzeichnet, daß er einwertig ist. Der Mehrwertigkeit wird dadurch zu genügen versucht, daß dem Ansatz in Form einer zusätzlichen Nebenbedingung eine Entscheidungsregel eingefügt wird; der Mehrwertigkeit ist damit allerdings nur implizite genügt, und das ist unzureichend.

3. Das sogenannte stochastische Programmieren ist dadurch gekennzeichnet, daß sein Ansatz mehrwertig ist. Gelöst wird das Problem dadurch, daß dem Ansatz eine Entscheidungsregel aufgepfropft wird.

4. Aus der Kennzeichnung des stochastischen Programmierens läßt sich seine Bedeutung für eine präskriptive Unsicherheitstheorie folgern: Es beabsichtigt keinen direkten Beitrag zur Lösung des Unsicherheitsproblems, es setzt vielmehr dessen Lösung voraus; ist aber eine operable Entscheidungsregel entwickelt, so vermag es einen indirekten Beitrag zu leisten: die Bestimmung eines Optimums in Abhängigkeit von unsicheren Beschränkungen (unter der einschränkenden Anm. S. 76).

5. Ein letzter Ansatz, die Sensitivitätsanalyse, setzt keine operable Entscheidungsregel voraus; sie trennt vielmehr die Rechnung von der Entscheidung und behandelt lediglich die Rechnung mit dem Ziel der Formulierung des Entscheidungsproblems; der Ansatz ist unzureichend, weil er das Entscheidungsproblem unvollständig formuliert.

---

[176] s. S. 28 ff., insbes. S. 31.
[177] Vgl. in diesem Zusammenhang auch *Krelle: Unsicherheit und Risiko in der Preisbildung*, a.a.O., S. 426.

*4. Abschnitt*

## Das Problem der Prognose
## der später möglichen Maßahmen des Investors

Als später mögliche Maßnahmen des Investors sind die in den Zeitpunkten $t$ ($t = 1, 2, \ldots, n - 1$) möglichen, die Glieder der alternativen Strategien ergänzenden bzw. ersetzenden Maßnahmen bezeichnet.

Steht der Investor einer steigenden Nachfrage gegenüber und überlegt er, ob er das Angebot durch Kauf von Maschinen des heute besten Typs erweitern soll, so wäre es leichtsinnig, nur an die augenblicklichen Vorteile der Ausnutzung der steigenden Nachfrage zu denken, aber nicht zu fragen, welche Maßnahmen künftig möglich sind. Die Vorteilhaftigkeit der Maßnahme in $t_0$ hängt nämlich, unabhängig davon, was die Umwelt unternimmt, auch davon ab, welche Möglichkeiten etwa der Reparatur in $t$ gegeben sind (= ergänzende Maßnahme) bzw. welche Typen in $t$ auf dem Markt sind und die in $t_0$ gekauften verdrängen können (= ersetzende Maßnahme)[178].

Die Notwendigkeit der Berücksichtigung der in $t$ möglichen Maßnahmen bei der Bestimmung der in $t_0$ zu ergreifenden Maßnahme resultiert aus den zwischen ihnen bestehenden (vertikalen) Interdependenzen. Sie führte dazu, jede mögliche Aneinanderreihung der Entscheidungsmöglichkeiten als Alternative zu betrachten[179].

Problem dieses Abschnitts ist die Prognose der später möglichen Maßnahmen des Investors. Zentrales Problem ist es dabei, die Eigenschaften, die sie möglicherweise haben, zu beschreiben, denn nur, wenn diese bekannt sind, lassen sich die Entnahmen ableiten, zu denen die alternativen Strategien führen können; auf das Problem der Ermittlung der Wahrscheinlichkeiten dafür, daß die künftig möglichen Maßnahmen tatsächlich die für möglich gehaltenen Eigenschaften aufweisen, kann das oben[180] Gesagte analog angewendet werden.

Kein Problem der Prognose besteht, wenn in $t$ lediglich die dem Investor heute schon bekannten Maßnahmen unverändert zur Diskussion stehen. Ein Prognoseproblem entsteht erst, wenn technischer Fortschritt auftritt: Dann nämlich haben die in $t$ möglichen Maßnahmen andere Eigenschaften als die in $t_0$ möglichen bzw. in $t$ sind Maßnahmen

---

[178] Vgl. *Preinreich*, Gabriel A. D.: Replacement in the Theory of the Firm, in: Metroeconomica Vol. 5 (1953), S. 68—86, hier S. 84; zum Problem der Bestimmung der optimalen Nutzungsdauer von Objekten, insbes. auch bei unsicheren Erwartungen, vgl. *Schneider:* Die wirtschaftliche Nutzungsdauer von Anlagegütern, a.a.O. und dort behandelte Literatur.

[179] s. S. 29 ff.

[180] s. S. 48 ff.

ganz neuer Art möglich, die dem Investor in $t_0$ aber jeweils unbekannt sind[181].

In der Literatur wird deshalb vorgeschlagen, die Prognose der Eigenschaften der künftigen Entscheidungsmöglichkeiten durch Annahmen über sie zu ersetzen.

Die Annahmen werden in der Regel in Form einer Annahme über die Veränderung der Zahlungen des Unternehmens, die die Realisation der $x_{it}$ bewirkt, in den Kalkül gebracht[182]. Aber auch mit der Verwendung finanzmathematischer Instrumente werden Annahmen über die künftigen Entscheidungsmöglichkeiten gesetzt, insofern nämlich, als diese eine Annahme über die Verzinsung der von den $x_{i0}$ freigesetzten (und in die Projekte $x_{it}$ reinvestierten) Mittel implizieren und damit von den tatsächlichen künftigen Entscheidungsmöglichkeiten abstrahieren[183].

Es ist jedoch hier nicht der Ort zu diskutieren, auf welche Weise die Annahmen am zweckmäßigsten in den Ansatz gebracht werden. Es ist vielmehr allein die Bedeutung eines Ersatzes der Prognose der Eigenschaften der künftig möglichen Maßnahmen durch Annahmen über sie für die Formulierung des Entscheidungsproblems zu prüfen.

Es wird nicht die Regel sein, daß der Investor in $t_0$ überhaupt keine Anhaltspunkte hat, um sich Vorstellungen über die Eigenschaften der künftig möglichen Maßnahmen machen zu können[184], insbesondere dann nicht, wenn er den technischen Fortschritt selbst produziert. Hat er jedoch Einblick in den technischen Fortschritt, dieser kann auf die mannigfaltigste Art möglich sein[185], so wird er sich die Eigenschaften der künftigen Entscheidungsmöglichkeiten vorstellen können.

Es muß hier nicht erläutert werden, wie der Investor diese Erwartungen bilden kann; es kann jedoch davon ausgegangen werden, daß keine sicheren Erwartungen möglich sind.

---

[181] Vgl. S. 47 ff.

[182] Vgl. *Terborgh*, George: Dynamic Equipment Policy, New York—Toronto—London 1949; *Terborgh*, George: Business Investment Policy. A MAPI Study and Manuel, Washington (1958); *Albach:* Wirtschaftlichkeitsrechnung bei unsicheren Erwartungen, a.a.O., S. 82 ff.; *Albach*, Horst: Wirtschaftlichkeitsrechnung, in: HdSW 12. Bd., hrsg. von Erwin von Beckerath u. a., Stuttgart—Tübingen—Göttingen 1965, insbes. S. 78; vgl. auch *Schneider:* Die wirtschaftliche Nutzungsdauer von Anlagegütern, a.a.O., S. 104—108 und dort angegebene Literatur.

[183] Vgl. *Jaensch:* Das optimale Investitionsprogramm bei unsicheren Erwartungen, a.a.O., S. 27.

[184] Vgl. *Schneider:* Die wirtschaftliche Nutzungsdauer von Anlagegütern, a.a.O., S. 104; *Schätzle*, Gerhard: Forschung und Entwicklung als unternehmerische Aufgabe, Köln und Opladen 1965, S. 68 f. und insbes. S. 80.

[185] Vgl. *Mertens*, Peter: Betriebliche Dokumentation und Information, Meisenheim am Glan 1965, S. 15 ff.

Unsichere Erwartungen bezüglich der Eigenschaften der künftigen Entscheidungsmöglichkeiten führen dann zu einer zweiseitig mehrwertigen Entscheidungsmatrix: Zum einen ist unbekannt, welche der $j$ Konstellationen sich realisieren wird, und zum anderen, welche Entnahme eine Alternative ermöglicht, wenn sich die Konstellation $j$ realisieren sollte.

| | | $k_1$ | $k_2$ | ... |
|---|---|---|---|---|
| | $x_{11}$ | $e_{111}$ | $e_{112}$ | ... |
| $x_1$ | $x_{12}$ | $e_{121}$ | | |
| | $\vdots$ | $\vdots$ | | |
| | $x_{21}$ | | | |
| $x_2$ | $x_{22}$ | | | |
| | $\vdots$ | | | |
| $\vdots$ | | | | |
| | $x_{i1}$ | | | |
| $x_i$ | $x_{i2}$ | | | |
| | $\vdots$ | | | |
| $\vdots$ | | | | |

Ob allerdings eine (mehrwertige) Vorstellung von den Eigenschaften der in $t$ möglichen Maßnahmen möglich ist, hängt, wie gesagt, von der Entscheidungssituation ab. Insbesondere dann jedoch, wenn sich der technische Fortschritt nicht geplant und damit kontrolliert, sondern plötzlich und unregelmäßig vollzieht, wird dies schwer möglich sein.

Der Charakter einer Annahme ist damit also von der Entscheidungssituation abhängig. Wenn die Formulierung einer mehrwertigen Erwartung möglich ist, dann ist die Annahme deren Substitut; sie führt zu einer Vereinfachung des Kalküls: Die zweiseitige Mehrwertigkeit der Entscheidungsmatrix verschwindet; mehrwertig ist nur noch die Konstellationserwartung formuliert.

Wenn eine mehrwertige Erwartung jedoch nicht möglich ist, dann ist die Annahme notwendig, um eine Lücke im Kalkül zu schließen; die Annahme ist dann Surrogat einer an sich vorzuziehenden (mehrwertigen) Vorstellung von den tatsächlichen Eigenschaften der in $t$ möglichen Maßnahmen. Die Bedeutung der Annahme bestimmt sich somit danach, ob sie lediglich Substitut ist oder Surrogat.

Im folgenden sei zunächst die Bedeutung der Annahme geprüft, wenn sie lediglich Substitut ist. In diesem Fall ergibt sich die Annahme

daraus, daß aus der mehrwertigen Erwartung (bezüglich der Eigenschaften der $x_{tt}$) ein Wert, der für sie als typisch angesehen wird, ausgewählt wird oder die mehrwertige Erwartung in einem Wert zusammengefaßt wird. Die Möglichkeiten der Formulierung der Annahme
im Konkreten und deren Problematik sind unten[186] an einem analogen
Problem diskutiert.

Die Bedeutung der Annahme folgt nun zwar aus der Problematik
ihrer Formulierung, doch soll späteren Ausführungen nicht vorgegriffen werden; soviel kann indessen gesagt werden: Auf jeden Fall folgt
aus der Reduktion einer mehrwertigen Erwartung auf eine einwertige ein Verlust an Isomorphie zwischen Problem- und Kalkül-
struktur[187]. Die Bedeutung der Annahme bestimmt sich dann aus der
Spannung zwischen diesem Nachteil auf der einen und dem Vorteil
der Vereinfachung des Kalküls auf der anderen Seite.

Der Vorteil aus der Kalkülvereinfachung ist der, daß der Investor
weniger zu rechnen hat, d. h. weniger aktiv sein muß[188]; er ist also
nichtfinanzieller Art. Da der zu beratende Investor aber keine nichtfinanziellen Vorteile anstrebt, ist für ihn die Vereinfachung des
Kalküls durch Setzung von Annahmen von Nachteil, weil der Kalkül
dann nicht mehr problemadäquat formuliert ist, zumindest jedoch
bedeutungslos.

Es bleibt nun noch der Fall zu erörtern, daß dem Investor Anhaltspunkte über die Eigenschaften der künftig möglichen Maßnahmen
fehlen. Die Bedeutung der Annahme resultiert in diesem Fall aus
der Möglichkeit, mit ihr eine Lücke im Kalkül zu schließen.

Immerhin kann es dann noch möglich sein, daß der Investor zwar
nicht eine mehrwertige Vorstellung hat, aber doch wenigstens eine
Hypothese über die Eigenschaften aufstellen, etwa die Eigenschaften
beschreiben kann, die die Maßnahme in $t$ am wahrscheinlichsten haben
wird.

Dieser Fall steht dann zwischen dem vorstehend und dem nachfolgend behandelten.

Wenn der Investor überhaupt keinen Einblick in den technischen
Fortschritt hat, ein aber wohl mehr theoretischer Fall, wird er sich
auch nicht vorstellen können, welche Eigenschaften die künftigen
Entscheidungsmöglichkeiten haben werden. Dennoch, „ghosts though

---

[186] s. S. 96 ff., insbes. S. 97 ff. u. S. 108 ff.
[187] Vgl. *Kosiol:* Modellanalyse als Grundlage unternehmerischer Entscheidungen, a.a.O., S. 321.
[188] Wenn von sonstigen Einsparungen, die u. U. aus der Vereinfachung des
Kalküls resultieren, abgesehen wird; vgl. *Schneeweiß:* Das Grundmodell der
Entscheidungstheorie, a.a.O., S. 129.

they be, it is impossible successfully to exorcise them"[189]. In diesem
Fall können die Annahmen über ihre Eigenschaften dann nur noch
Fiktionen sein. Die Formulierung der Annahmen kann also nicht mehr
an Erwartungen bezüglich der Eigenschaften, die die Entscheidungsmöglichkeiten tatsächlich aufweisen werden, orientiert werden, vielmehr werden bestimmte Eigenschaften aus anderen Überlegungen
heraus fingiert, um die Lücken im Kalkül zu schließen. So kann etwa
die Risikoneigung des Investors Determinante der Formulierung der
Annahme sein: Ein risikoscheuer Investor wird fingieren, daß die
künftig möglichen Maßnahmen extrem positive Eigenschaften haben;
dadurch wird in $t_0$ ein Projekt optimal, das die Wahrnehmung der
Vorteile künftiger Entscheidungsmöglichkeiten eher erlaubt, ihn also
weniger bindet. Oder aber es wird im Vertrauen darauf, daß in der
Zukunft die gleiche Erfahrung gemacht wird, die Fortsetzung der
Vergangenheit in der Zukunft angenommen[190, 191].

Andere Kriterien zur Bildung der Annahmen sind denkbar; wenn
der Investor keine Informationen über die Eigenschaften der künftig
möglichen Maßnahmen hat, ist im Grunde dann auch jede Annahme
gleichberechtigt.

Damit sind die Fälle skizziert, aus denen die Möglichkeit bzw. Notwendigkeit folgt, Annahmen über die Eigenschaften der künftigen
Entscheidungsmöglichkeiten zu formulieren. Bei der Formulierung des
Kalküls werden die Eigenschaften der künftigen Entscheidungsmöglichkeiten so weit wie möglich zu schätzen sein und die Schätzungen
nur so weit wie nötig durch Annahmen zu ergänzen sein, denn der zu
beratende Investor honoriert die aus dem Ersatz der mehrwertigen
Erwartung durch Annahmen folgende Vereinfachung nicht.

---

[189] *Terborgh:* Dynamic Equipment Policy, a.a.O., S. 57.
[190] Vgl. auch *Albach:* Wirtschaftlichkeitsrechnung, a.a.O., S. 78.
[191] s. auch S. 130 f.

## 2. Kapitel

## Die Bestimmung der relevanten unter den möglichen Alternativen

Ein Unsicherheitsproblem besteht, weil dem Investor

1. nicht alle in $t_0$ und $t$ $(t = 1, 2, \ldots)$ tatsächlich möglichen eigenen Maßnahmen sowie in $t$ möglichen Maßnahmen der Umwelt bekannt sind,
2. unbekannt ist, welche der in $t_0$ bekannten möglichen eigenen Maßnahmen wie Umweltmaßnahmen in identischer Form wiederkehren bzw. welche durch technischen Fortschritt veränderten Eigenschaften sie in $t$ aufweisen,
3. unbekannt ist, welche der für möglich gehaltenen Umweltmaßnahmen sich in $t$ realisiert, und welche der für möglich gehaltenen Eigenschaften die eigenen Maßnahmen in $t$ aufweisen werden.

Das daraus resultierende Problem, daß in $t_0$ unbekannt ist, welche infolge technischen Fortschritts veränderten Eigenschaften die in $t_0$ bekannten, möglichen eigenen wie Umweltmaßnahmen in $t$ aufweisen, wurde am Beispiel der Prognose der in $t$ möglichen eigenen Maßnahmen behandelt.

Das daraus resultierende Problem, daß in $t_0$ nicht alle in $t_0$ wie in $t$ möglichen eigenen Maßnahmen wie in $t$ möglichen Maßnahmen der Umwelt bekannt sind, wurde am Beispiel der Ermittlung der in $t_0$ möglichen eigenen Maßnahmen erörtert.

Das daraus resultierende Problem, daß in $t_0$ unbekannt ist, welche der für möglich gehaltenen Eigenschaften die eigenen Maßnahmen in $t$ aufweisen bzw. welche der für möglich gehaltenen Umweltmaßnahmen sich in $t$ realisieren wird, wurde am Beispiel der Prognose der Umweltmaßnahmen behandelt.

Obwohl also bei einer Determinante der Vorteilhaftigkeit der Alternativen jedes der genannten Prognoseprobleme auftaucht, wurde nur jeweils eines diskutiert; dies geschah, um die Fülle der Probleme nicht gleichzeitig, aber dennoch behandelt zu haben.

Trotz auf Verbesserung der Information gerichteter Maßnahmen muß der Investor unter Unsicherheit entscheiden. Infolge der Unsicherheit ist die Entnahmeerwartung als Konsequenz des Zustands des Unternehmens in $t_0$ und der in $t_0$ und $t$ vom Investor zu treffenden Entscheidungen einerseits und der Maßnahmen der Umwelt in $t$ andererseits mehrwertig, was durch folgende Matrix ausgedrückt ist:

| | | $k_1 / p_1$ | $k_2 / p_2$ | ... | $k_j / p_j$ | ... |
|---|---|---|---|---|---|---|
| $x_1$ | $x_{11} / p_{11}$ | $e_{111}$ | $e_{112}$ | ... | $e_{11j}$ | |
| | $x_{12} / p_{12}$ | $e_{121}$ | $e_{122}$ | ... | $\vdots$ | |
| | $\vdots$ | $\vdots$ | | | | |
| | $x_{1i} / p_{1i}$ | | | | | |
| | $\vdots$ | | | | | |
| $x_2$ | $x_{21} / p_{21}$ | | | | | |
| | $\vdots$ | | | | | |
| $\vdots$ | | | | | | |
| $x_i$ | $x_{i1} / p_{i1}$ | | | | | |
| | $\vdots$ | | | | | |
| | $x_{ii} / p_{ii}$ | $e_{ii1}$ | ... | | $e_{iij}$ | |
| | $\vdots$ | | | | | |
| $\vdots$ | | | | | | |

In ihr sind in den Zeilen alle dem Investor bekannten Alternativen aufgeführt, Alternative verstanden als mögliche Kombination der Objekte $x_{it}$, und in den Spalten alle vom Investor für möglich gehaltenen Konstellationen der Umweltmaßnahmen $y_{pqt}$[192].

Das in der Matrix formulierte Entscheidungsproblem kann vereinfacht werden; es kann nämlich die Wahrscheinlichkeit einer möglichen Entnahme $e_{iij}$ einer Alternative ermittelt werden, indem die Wahrscheinlichkeiten $p_{ii}$ (Wahrscheinlichkeit des möglichen Ausfalls $i$ der Alternative $i$) und $p_j$ (Wahrscheinlichkeit der Konstellation $j$) miteinander multipliziert werden[193].

Unter den möglichen Alternativen befinden sich nun einige, die der Investor vernünftigerweise nicht realisiert; sie sind zu den anderen

---

[192] Das Entscheidungsproblem ist nur dann richtig formuliert, wenn sich die Alternativen und Konstellationen jeweils gegenseitig ausschließen, also keine weiteren Alternativen bzw. Konstellationen dadurch möglich werden, daß bereits aufgeführte miteinander kombiniert werden.

[193] Multiplikationssatz der Wahrscheinlichkeiten.

Alternativen inferior, weil, wenn ihre möglichen Entnahmen gleich sind, diese weniger sicher sind, bzw. ihre möglichen Entnahmen geringer sind, wenn sie gleich sicher sind.

Die inferioren Alternativen sind für die Entscheidung nicht relevant; das Entscheidungsproblem besteht vielmehr ausschließlich darin, unter den relevanten Alternativen die zu realisierende zu bestimmen.

Die Alternative $i$ der $i = 1, 2, \ldots, i, j, \ldots$ möglichen Alternativen ist relevant, wenn

— Alternative $j$ zwar eine oder mehrere größere mögliche Entnahmen als Alternative $i$ aufweist, dafür aber die Wahrscheinlichkeiten für diese Entnahmen geringer sind.

— Alternative $j$ zwar eine oder mehrere größere Wahrscheinlichkeiten als Alternative $i$ aufweist, dafür aber die diesen Wahrscheinlichkeiten zugehörigen möglichen Entnahmen kleiner sind.

Es muß allerdings darauf hingewiesen werden, daß die relevanten Alternativen nicht objektiv besser sind als die ausgeschlossenen inferioren, objektiv verstanden im Sinne von überindividuell. Vielmehr sind sie in diesem Sinne lediglich subjektiv besser. D. h. aufgrund der Information, über die er verfügt, hat der Investor keinen Grund anzunehmen, daß eine der ausgeschlossenen Alternativen nicht schlechter ist als die bei der Formulierung des Entscheidungsproblems berücksichtigten. Welche Alternativen relevant sind, ist also abhängig von der Information des Investors, aus der sich der Kalkül ableitet. Wenn jedoch Regeln der induktiven Logik zur Bildung von Wahrscheinlichkeiten entwickelt sind, ist die Bestimmung der relevanten unter den möglichen Alternativen wenigstens in diesem Sinne objektiv.

Da solche Regeln aber noch nicht existieren, ist die Bestimmung der inferioren Alternativen sogar in doppelter Weise subjektiv, einmal infolge der Information, auf der der Kalkül aufbaut, und zum anderen der Bildung der Wahrscheinlichkeiten wegen, die psychisch determiniert ist. Um zusammenzufassen: Die relevanten Alternativen sind keineswegs objektiv, sondern lediglich subjektiv besser als die bei der Formulierung des Entscheidungsproblems ausgeschiedenen bzw. umgekehrt formuliert: unter den als inferior bezeichneten können sich Alternativen befinden, die objektiv besser sind als die im Kalkül als relevant bezeichneten.

Blackwell und Girshick[194] glauben, daß mit der Bestimmung der relevanten der möglichen Alternativen eine präskriptive Theorie be-

---

194 *Blackwell*, David und M. A. *Girshick*: Theory of Games and Statistical Decisions, New York—London—Sydney (1954), S. 121; vgl. auch *Allais*, M[aurice]: Le Comportement de l'Home Rationnel devant le Risque: Critique des Postulats et Axiomes de l'Ecole Americaine, in: Econometrica Vol. 21 (1953), S. 503—546, insbes. S. 518.

endet ist. Weil nämlich keine Übereinstimmung darüber gefunden werden könne, was zu tun sei, müsse man sich mit der Übereinstimmung darüber begnügen, was nicht zu tun sei. Mit den inferioren seien aber die Alternativen genannt, deren Realisation unvernünftig wäre; und mit diesem Ziel müsse sich eine präskriptive Theorie begnügen.

Wenn auch die relevanten Alternativen gute Lösungen sind, so kann sich doch eine präskriptive Theorie mit deren Bestimmung nicht zufrieden geben. Denn, da der Investor nicht alle, sondern nur eine der relevanten Lösungen realisieren kann, es sind *Alternativen,* besteht das Problem, die Alternative zu bestimmen, die zu realisieren ist; das zu lösen, kann eine präskriptive Theorie nicht verweigern. Dies wird in der Literatur in der Regel auch so gesehen.

Zur Bestimmung der zu realisierenden Alternative sind in der Literatur eine Reihe von Entscheidungskriterien entwickelt worden. Diese zu prüfen, wird Inhalt des folgenden Kapitels sein.

Zunächst jedoch läßt sich die Formulierung des Entscheidungsproblems noch vereinfachen; da die Vorteilhaftigkeit einer Alternative nämlich nur von den möglichen Entnahmen und deren Wahrscheinlichkeiten abhängen kann, und nicht davon, bei welcher Konstellation diese Entnahmen möglich sind, ist, wenn eine Alternative mögliche Entnahmen gleicher Höhe aufweist, eine Vereinfachung dadurch möglich, daß man deren Wahrscheinlichkeiten addiert[195].

Damit entfällt gleichzeitig allerdings die Möglichkeit, das Entscheidungsproblem in einer Matrix zu formulieren; das Entscheidungsproblem ist nun durch die Angabe der alternativen Entnahmeverteilungen formuliert. Das Entscheidungsproblem besteht darin, die vorteilhafteste Entnahmeverteilung zu bestimmen.

Wird akzeptiert, daß die Vorteilhaftigkeit einer Alternative nur von deren Entnahmeverteilung abhängen kann, also zwei Alternativen dann gleich zu bewerten sind, wenn sie die gleiche Entnahmeverteilung aufweisen, ist damit gleichzeitig ein Verhalten nach dem Niehans-Savage-Kriterium als nichtrational abgelehnt.

Niehans[196] und Savage[197] machen den Nachteil einer Alternative gegenüber jener, die bei Eintreten einer bestimmten Konstellation die beste ist, zur Basis ihres Kriteriums; diejenige Alternative ist nach

---

[195] Additionssatz der Wahrscheinlichkeiten.

[196] *Niehans:* Zur Preisbildung bei ungewissen Erwartungen, a.a.O.

[197] *Savage,* Leonard J.: The Theory of Statistical Decisions, in: JoAm.Stat.-Ass. Vol. 46 (1951), S. 55—67; *Savage:* The Foundations of Statistics, a.a.O., S. 163 f.

Niehans und Savage die vorteilhafteste, deren größtmöglicher Nachteil der kleinste ist[198].

Da dem Investor jedoch nicht die Entnahme*unterschiede* zwischen der bei einer bestimmten Konstellation besten und der gewählten Alternative nutzen können, sondern nur die Entnahmen selbst, die aus der gewählten Alternative resultieren können, ist es auch nicht rational, die Entscheidung an ersteren zu orientieren[199].

Welches die vorteilhafteste Alternative ist, hängt natürlich davon ab, welche Alternativen möglich sind. Die Vorteilhaftigkeit einer Alternative selbst aber kann nicht davon abhängen, welche anderen Alternativen möglich sind, sie ist vielmehr ausschließlich durch ihre Entnahmeverteilung determiniert; entsprechend hängt die Vorteilhaftigkeit einer Entscheidungsmöglichkeit auch nicht davon ab, mit welcher Alternative bzw. bei welcher Konstellation bestimmte Entnahmen möglich werden. Wäre dies aber der Fall, so implizierte dies, daß der Entnahmeerzielung mit bestimmten Alternativen bzw. bei

---

[198] Vgl. auch *Jöhr:* Die Konjunkturschwankungen, a.a.O., S. 407/408; *Tobin,* James: Diskussionsbeitrag zu „Liquidity and Uncertainty", in: AER Vol. 39 (1949), Papers and Proceedings, S. 208—210, hier S. 210; *Massé,* Pierre: Le Choix des Investissements. Critères et Méthods, Paris 1959, S. 232. Dort ist der Vorteil einer Alternative gegenüber jener, die bei einer bestimmten Konstellation die schlechteste ist, Basis des Kriteriums; Jöhr diskutiert das Postulat, die Alternative zu realisieren, deren kleinstmöglicher Vorteil der größte ist.

[199] Es ist überhaupt völlig unklar, für welche Ziele mit diesen Unterschieden der Realisierungsgrad gemessen werden könnte (vgl. *Chernoff,* Herman: Rational Selection of Decision Functions, in: Econometrica Vol. 22 (1954), S. 422—443, hier S. 425). Aber selbst wenn mit der Entnahmedifferenz zwischen einer Alternative und der bei einer bestimmten Konstellation besten (schlechtesten) Alternative das Bedauern (die Befriedigung) gemessen werden könnte, wie man in der Literatur glaubt, würde der hier diskutierte Investor nach diesem Kriterium nicht rational entscheiden; denn ein Bedauern zu vermeiden, (eine Befriedigung zu erleben) sind Vorteile nichtfinanzieller Art, und solche strebt er mit seiner Entscheidung nicht an. Darüber hinaus, darauf hat schon *Chernoff:* Rational Selection of Decision Functions, a.a.O., S. 426, hingewiesen, kann sich nach diesem Kriterium die Präferenzbeziehung zwischen zwei Alternativen ändern, wenn sich die Zahl der Alternativen vergrößert oder verringert, insbesondere kann eine (im Sinne des Kriteriums) optimale Alternative diese Eigenschaft einbüßen, wenn eine andere, nichtoptimale entfällt; eine Konsequenz des Kriteriums, die nicht plausibel ist.
Diese Kritik betrifft nicht nur die obengenannten Kriterien, sondern alle auf durch Entnahmeunterschiede charakterisierte Alternativen angewandte Konzeptionen, etwa die von Hurwicz (*Gutenberg:* Unternehmensführung, a.a.O., S. 84 f. und *Gutenberg:* Der Absatz, a.a.O., S. 66 f.; *Jöhr:* Die Konjunkturschwankungen, a.a.O., S 408; *Busse von Colbe,* Walther: Die Planung der Betriebsgröße, Wiesbaden [1964], S. 260, Fußn. 88; vgl. auch *Gäfgen:* Theorie der wirtschaftlichen Entscheidungen, 2. Aufl., a.a.O., S. 387/388), des Erwartungswertes (*Chernoff,* Herman, Lincoln E. *Moses:* Elementary Decision Theory, New York—London [1959], S. 168 f.); andere Konzeptionen siehe bei *Kramer,* G[iselbert]: Entscheidungsproblem, Entscheidungskriterien bei völliger Ungewißheit und Chernoffsches Axiomensystem, in: Metrika Vol. 11 (1967), S. 15—38.

einem bestimmten Feld anderer Alternativen bzw. bei bestimmten Konstellationen besondere Werte zuerkannt werden; diese wiederum könnten nur nichtfinanzieller Art sein.

Das Entscheidungsproblem des zu beratenden Investors, der lediglich finanzielle Vorteile anstrebt, ist daher dann richtig formuliert, wenn für die relevanten Alternativen allein die aus ihnen möglichen Entnahmen und deren Wahrscheinlichkeiten angegeben sind; es besteht darin, die vorteilhafteste der alternativen Entnahmeverteilungen zu bestimmen.

## 3. Kapitel

## Das Problem der Bestimmung der optimalen unter den relevanten Alternativen

Die Bedeutung der aus der Literatur bekannten Lösungsversuche des Problems der Bestimmung der optimalen unter den relevanten Alternativen soll im folgenden hinsichtlich der beiden zentralen Aspekte einer Entscheidung bei Unsicherheit überprüft werden:

A. ihrer Auseinandersetzung mit der Mehrwertigkeit der Erwartung;

B. der Rolle, die sie der Risikoneigung des Investors bei der Bestimmung des Optimums zugestehen[200].

Da die Lösungsversuche zu zahlreich und zu heterogen im Inhalt sind, als daß ihre Behandlung im einzelnen möglich wäre, setzt ihre Beurteilung voraus, daß sie zunächst hinsichtlich der genannten Aspekte auf einige Grundformen zurückgeführt werden; das liegt auch deshalb nahe, weil nicht Details interessieren, sondern die grundsätzliche Problematik der Lösungsansätze.

### A. Das aus der Mehrwertigkeit der Erwartung resultierende Problem der Bestimmung der optimalen unter den relevanten Alternativen

Mit mehrwertig ist bezeichnet, daß der Investor mehrere Entnahmen aus einer Alternative für möglich hält.

Ist die Entnahmeerwartung einwertig, so ist die Entscheidung kein Problem: Der Investor wählt die Alternative, die die größte Entnahme erlaubt. Ist die Entnahmeerwartung jedoch mehrwertig, ist nicht mehr erkennbar, welches die vorteilhafteste der alternativen Investitionen ist. Die Entscheidung ist dann ein Problem.

---

[200] Andere Analysen der Rationalität der in der Literatur vorgeschlagenen Entscheidungskriterien finden sich etwa bei *Milnor*, John: Games Against Nature, in: Thrall, Coombs, Davis: Decision Processes, a.a.O., S. 49—59; *Schneeweiß*: Entscheidungskriterien bei Risiko, a.a.O.; *Kramer*, Entscheidungsproblem, Entscheidungskriterien bei völliger Ungewißheit und Chernoffsches Axiomensystem, a.a.O.

Die Lösung des Entscheidungsproblems ist eine Anweisung, wie bei mehrwertigen Erwartungen die Vorteilhaftigkeit der Alternativen zu messen ist (Entscheidungskriterium).

Dieses Maß der Vorteilhaftigkeit ist, wie bereits gesagt[201], aus der Entnahmeverteilung der Alternativen abzuleiten.

In der Literatur sind drei Wege erkennbar, auf denen aus der Entnahmeverteilung ein Entscheidungskriterium zu gewinnen versucht wird; sie führen zu einem

(1) für die Verteilung typischen Wert;

(2) die Verteilung stellvertretenden Wert;

(3) die Verteilung zusammenfassenden Wert

als Entscheidungskriterium.

Ihre Problematik sei im folgenden anhand von einfachen Beispielen herausgearbeitet; auf die Betrachtung der auf diesen aufbauenden bzw. diese modifizierenden Lösungsversuche kann verzichtet werden, da sie keine zusätzlichen Einsichten in die Problematik dieser Grundformen der Behandlung des Mehrwertigkeitsproblems vermitteln würde.

### 1. Die Bedeutung des typischen Wertes
### für die Bestimmung der optimalen Alternative

Der typische Wert ist ein Wert der Verteilung, der für sie bzw. hinsichtlich eines bestimmten Aspektes für sie (am meisten) kennzeichnend ist.

#### a) Die Konzeption des Maximum Minimorum
#### als Beispiel für den typischen Wert als Entscheidungskriterium

Mehrwertigkeit bedeutet zwar, daß der Investor mehrere Entnahmen für möglich hält, in der Regel aber auch, daß er von dem Eintreffen einer dieser am meisten überzeugt ist; diese ist als die wahrscheinlichste Entnahme bezeichnet.

Es lag nahe, dem Investor zu empfehlen, diejenige Alternative zu realisieren, deren wahrscheinlichste Entnahme die größte ist[202, 203]; und

---

[201] Vgl. S. 44.

[202] Zur Begründung des wahrscheinlichsten Wertes als Entscheidungskriterium vgl. *Georgescu-Roegen:* The Nature of Expectation and Uncertainty, a.a.O., S. 28/29; *Carnap* (und *Stegmüller*): Induktive Logik und Wahrscheinlichkeit, a.a.O., S. 108 ff.

[203] Vgl. hier auch *Gutenberg:* Unternehmensführung, a.a.O., S. 84 f.; *Moxter:* Bilanzierung und unsichere Erwartungen, a.a.O., S. 616; *Aghte*, Klaus: Das Problem der unsicheren Erwartungen bei unternehmerischen Planungen und Entscheidungen, in: Unternehmensplanung, hrsg. von Klaus Agthe und Erich Schnaufer, Baden-Baden (1963), S. 83—120, hier S. 99.

zwar deshalb, weil ja am meisten dafür spricht, daß gerade diese Erwartung durch die Entwicklung bestätigt wird.

Der offensichtliche Mangel des Postulats liegt darin, daß der wahrscheinlichste Wert sich wohl eher realisieren wird als jeder andere, daß er sich aber tatsächlich realisiert, keineswegs sicher ist, es vielmehr möglich ist, daß sich ein anderer Wert realisiert. Der wahrscheinlichste Wert als Entscheidungskriterium löst also das Mehrwertigkeitsproblem nicht, das ja gerade darin begründet ist, daß sich auch ein anderer Wert als der wahrscheinlichste realisieren kann; im Gegenteil, es wird geradezu von ihm abgesehen.

Bei der Bestimmung des Optimums ist vielmehr auch darauf zu achten, daß Abweichungen vom wahrscheinlichsten Wert möglich sind.

Die Gefahr aus der Mehrwertigkeit der Erwartung liegt in dem Risiko, in einer Abweichung des tatsächlichen vom wahrscheinlichsten Wert nach unten. In Konsequenz ist in der Literatur postuliert, die Aufmerksamkeit von vornherein auf die niedrigeren der aus der Alternative möglichen Entnahmen zu lenken und etwa nach der Konzeption des Maximum Minimorum diejenige Alternative zu realisieren, deren niedrigstmögliche Entnahme die größte ist[204].

In diesem Vorgehen der Konzeption des Maximum Minimorum liegt nun eine Konsequenz und eine Inkonsequenz bezüglich des Mehrwertigkeitsproblems gleichzeitig begründet. Die Konsequenz liegt darin, die Aufmerksamkeit auf die für eine Alternative niedrigste der möglichen Entnahmen zu lenken, weil diese für die Position des Investors die kritischste ist; dies wurde schon an anderer Stelle expliziert[205]. Die Inkonsequenz liegt in der Konsequenz der Konzeption begründet: in der Beschränkung der Konzentration auf die für jede Alternative ungünstigste Entnahmemöglichkeit. Die Vorteilhaftigkeit einer Investition wird nämlich nicht allein durch die für sie ungünstigste Entnahme bestimmt, sondern auch durch die günstigeren Entnahmen, die ja gleichfalls möglich sind.

Entscheidungskriterium darf deshalb nicht nur ein hinsichtlich eines bestimmten Aspektes typischer Wert der Verteilung sein, wie es bspw. der minimale Wert primär für das Risiko einer Alternative ist.

---

[204] Die Konzeption des Maximum Minimorum wurde zuerst von *Neumann, John v.*: Zur Theorie der Gesellschaftsspiele, in: Mathematische Annalen Bd. 100 (1928), S. 295—320, vorgeschlagen (s. auch *Neumann, John v.* und Oskar *Morgenstern*: Theory of Games and Economic Behavior, 3. Aufl., Princeton 1953); sie wurde von *Wald, Abraham*: Statistical Decision Functions Which Minimize the Maximum Risk, in: Annals of Mathematics Vol. 46 (1945), S. 265—280; *Wald, Abraham*: Statistical Decision Functions, New York—London (1950), S. 17—27, verallgemeinert.

[205] s. S. 56 f.

### b) Die Konzeption von Koch als Beispiel für den typischen Wert als Entscheidungskriterium

Der Mangel der Konzeption des wahrscheinlichsten Wertes und der Konzeption des Maximum Minimorum lag darin, die Aufmerksamkeit nur auf einen Wert der Verteilung zu konzentrieren; das ist aber unzureichend, weil sich der betreffende Wert nicht realisieren muß.

Koch[206], der seinen Ansatz aus der diese Behandlung des Mehrwertigkeitsproblems betreffenden Kritik entwickelt, glaubt, daß der Gefahr, daß nicht die wahrscheinlichste Konstellation, von ihm primär erwartete genannt, sondern eine andere, sekundäre, Konstellation eintritt, eben der Mehrwertigkeit, dadurch entsprochen werden muß, daß Maßnahmen (von ihm Sekundärkomponente genannt) getroffen werden, die verhindern, daß die Entnahme bei Eintritt einer Sekundärkonstellation unerträglich niedrig wird. Es müsse also auf die bei der Primärkonstellation entnahmemaximale Alternative verzichtet und statt dessen eine solche (Primärkomponente) gewählt werden, die nach Ergänzung um eine entsprechende Sekundärkomponente zwar eine geringere Entnahme bei der Primärkonstellation bringt, dafür aber die Mindestentnahme bezüglich der Sekundärkonstellationen garantiert.

Die Konsequenz Kochs bei einer Mehrwertigkeit der Erwartung ist also die, Gewißheit darüber zu erlangen, daß die Entnahme aus der Entscheidung nicht unerträglich niedrig wird. Die optimale Alternative ist damit die, die die Mindestentnahme garantiert und deren Entnahme bei der Primärkonstellation der größte ist.

Die Problematik des Kochschen Ansatzes wird im folgenden an einem Beispiel zu zeigen versucht. Der Investor erachte die Konstellationen $k_1$, $k_2$, $k_3$ für möglich; $k_3$ sei die wahrscheinlichste. Die Alternativen $x_1$, $x_2$, $x_3$ seien relevant. Es ergebe sich folgende Entscheidungsmatrix 1.

|        | $k_1$ | $k_2$ | $k_3$ |
|--------|-------|-------|-------|
| $x_1$  | 0     | 50    | 120   |
| $x_2$  | 30    | 70    | 100   |
| $x_3$  | 75    | 25    | 75    |

---

[206] *Koch:* Zur Diskussion in der Ungewißheitstheorie, a.a.O.; *Koch,* Helmut: Probleme unternehmerischer Prognose, in: Wirtschaftsprognose und Wirtschaftsgestaltung, Bericht von der Internationalen Tagung der Sozialakademie, Dortmund 1959, hrsg. von Hans Bayer, Berlin (1960), S. 57—81; *Koch:* Betriebliche Planung, a.a.O.; *Koch,* Helmut: Über eine allgemeine Theorie des Handelns, in: Zur Theorie der Unternehmung, Festschrift zum 65. Geburtstag von Erich Gutenberg, hrsg. von Helmut Koch, Wiesbaden (1962), S. 367—423.

Da die Alternativen die vom Investor gewünschte Mindestentnahme (M) von 50 nicht garantieren können, ist es notwendig, sie um eine Sekundärkomponente zu ergänzen.

Sekundärkomponente ist ein Synonym für risikopolitische Maßnahme, also als Substitution der Höhe durch die Sicherheit der Entnahmeerwartung zu verstehen; konkret heißt das, daß der Investor etwa die Investition zunächst nicht vollständig, sie vielmehr erst dann vollständig realisiert, wenn die Umwelt entschieden hat, oder Risiken anderen, bspw. Versicherungen, überträgt.

Diese Maßnahmen müssen nicht näher beschrieben werden, inwiefern mit ihnen die Höhe der Entnahmeerwartung durch deren Sicherheit substituiert werden kann, muß nicht näher erläutert werden, dazu existiert jeweils eine umfangreiche Literatur[207]. Nur eines interessiert hinsichtlich der Kritik des Kochschen Ansatzes. Dieser impliziert nämlich, daß die Sekundärkomponente beliebig teilbar ist, als Folge davon Höhe und Sicherheit der Entnahmeerwartung der Alternativen infinitesimal substituierbar sind[208]. Im explikativen Ansatz wurde auf diese Prämisse hingewiesen[209]; sie war dort jedoch nicht problematisch, hier wird sie problematisch: Es ist nicht wirklichkeitsrelevant, die Sekundärkomponente als beliebig dimensionierbar anzunehmen, bspw. sind nur fest umrissene Risiken versicherbar, unabhängig davon, wie das Risiko im Einzelfall aussieht.

Ist aber die Sekundärkomponente nicht beliebig dosierbar, wird es nicht möglich sein, bei den Sekundärkonstellationen gerade nur M zu erzielen; vielmehr ergebe sich folgende Matrix 2:

|       | $k_1$ | $k_2$ | $k_3$ |
|-------|-------|-------|-----------------|
| $x'_1$ | M    | 70    | $120 - 50 = 70$ |
| $x'_2$ | M    | 85    | $100 - 40 = 60$ |
| $x'_3$ | 80   | 65    | $90 - 40 = M$   |

Die Alternativen $x'_1$, $x'_2$, $x'_3$ sind die um die Sekundärkomponente veränderten ursprünglichen Alternativen $x_1$, $x_2$, $x_3$. $x_2$ verändert sich etwa wie folgt zu $x'_2$: Die Sekundärkomponente koste 40 und reduziere die bei der Primärkonstellation mögliche Entnahme, bewirke jedoch,

---

[207] Vgl. etwa *Wittmann:* Unternehmung und unvollkommene Information, a.a.O., S. 187—210 und dort angegebene Literatur.
[208] In *Koch:* Über eine allgemeine Theorie des Handelns, a.a.O., S. 420, wird es gar explizite angenommen.
[209] s. S. 42.

daß bei Realisation von $k_1$ die geforderte Mindestentnahme erreicht wird, gleichzeitig erhöhe sie aber auch die Entnahme bei $k_2$ um 15 auf 85. Das Beispiel macht nun folgendes sichtbar:

(1) Der Kochsche Lösungsversuch bringt keine Lösung für den Fall, daß zwar alle Alternativen der Mindestentnahmebedingung genügen, aber keine Alternative die andere dominiert (Problemformulierung Matrix 2), genauer, keine Lösung, die von der bereits erörterten Konzeption des wahrscheinlichsten Wertes abweicht[210, 211]. Zur Kritik der Kochschen Konzeption kann deshalb auf bereits Ausgeführtes verwiesen werden.

(2) Der in Kochs Ansatz implizierte Einwand, die bisherige Formulierung des Entscheidungsproblems berücksichtige nicht die Möglichkeit risikopolitischer Maßnahmen[212], ist unberechtigt, vielmehr ist diese in einer Entscheidungsmatrix (implizite) dadurch ausgedrückt, daß sie *alle* Alternativen enthält, Alternative verstanden als mögliche Kombination von Primär- und Sekundärkomponente.

Dies war entweder bei Matrix 1, die Koch zu seiner Kritik veranlaßte, nicht der Fall, in ihr fehlten die möglichen Alternativen $x'_1$, $x'_2$, $x'_3$; dann ist Matrix 1 ein unvollständig formuliertes und die aus Matrix 1 und Matrix 2 zusammengesetzte Matrix das richtig formulierte Entscheidungsproblem, oder Matrix 1 enthält schon alle (auch die um Sekundärkomponente erweiterten) möglichen Alternativen[213], dann aber, weil trotz risikopolitischer Maßnahmen nicht bezüglich jeder Konstellation $M$ gesichert ist, bleibt nach Koch die Entscheidung undeterminiert[214].

Der Ansatz von Koch führt also nicht weiter, denn das nach ihm aus der Mehrwertigkeit begründete Postulat einer Entscheidung, die die Mindestentnahme garantieren kann (dessen Problematik noch zu überprüfen sein wird) hat zur Folge, daß Entscheidungsprobleme ungelöst bleiben oder aber grundsätzlich nicht anders gelöst werden als oben.

### c) Die Kritik der Verwendung eines typischen Wertes als Entscheidungskriterium

Eine in der Literatur übliche Auseinandersetzung mit dem Mehrwertigkeitsproblem ist es, einen typischen Wert der Verteilung als

---

[210] Vgl. *Hax:* Die Koordination von Entscheidungen, a.a.O., S. 40/41.

[211] Weshalb sich der Kochsche Ansatz bezüglich der Behandlung des Mehrwertigkeitsproblems auch unter den typischen Wert subsumieren läßt.

[212] Vgl. auch *Koch:* Zur Diskussion in der Ungewißheitstheorie, a.a.O., S. 75.

[213] Das Entscheidungsproblem ist dann richtig formuliert, wenn sich die Alternativen gegenseitig ausschließen, also die Matrix nicht um Kombinationen zwischen ihnen erweitert werden kann; vgl. *Engels:* Betriebswirtschaftliche Bewertungslehre im Licht der Entscheidungstheorie, a.a.O., S. 82 ff.; eine Ergänzung der Alternativen um die Sekundärkomponente ist aber eine solche.

[214] Vgl. *Hax:* Die Koordination von Entscheidungen, a.a.O., S. 40.

Entscheidungskriterium zu verwenden. Auf einem typischen Wert basieren die erörterten Konzeptionen des wahrscheinlichsten Wertes und des Maximum Minimorum und die Konzeption von Koch, daneben die Konzeptionen des unwahrscheinlichsten Wertes[215], des Einzelerwartungswertes[216], des schwersten Wertes[217], des Zentralwertes[218], des Maximum Maximorum[219], die von Shackle[220], Hurwicz[221] und Hodges-Lehmann[222] und die bereits im vorangegangen Kapitel erörterten Konzeptionen[223]; der Katalog als Entscheidungskriterium zu verwendender typischer Werte ließe sich beliebig verlängern.

*Ein* (typischer) Wert als Entscheidungskriterium ist damit begründet worden, daß sich ja auch nur ein Wert der Verteilung realisieren könne und es dann allein sinnvoll sei, den unter dem für wesentlich erachteten Aspekt charakteristischsten Wert der Verteilung als Entscheidungskriterium zu verwenden, bspw. unter dem Risikoaspekt die niedrigstmögliche Entnahme einer Alternative.

Shackle[224] hat diese Auffassung damit zu begründen versucht, daß man, wenn mehrere Bewerber für einen Posten zur Wahl stünden, auch nicht sagen könne: Was für ein starkes Team!, da sie ja in Wirklichkeit

---

[215] Von *Gutenberg:* Unternehmensführung, a.a.O., S. 84; *Gutenberg:* Der Absatz, a.a.O., S. 66 erwähnt.

[216] Von Agthe, s. Fußn. 203 S. 97 erwähnt.

[217] Von *Brandt,* Karl: Preistheorie, Ludwigshafen am Rhein (1960), S. 164; *Carnap* (und *Stegmüller):* Induktive Logik und Wahrscheinlichkeit, a.a.O., S. 110 f. erwähnt.

[218] Bei *Makower,* H[elen] und J[acob] *Marschak:* Assets, Prices and Monetary Theory, in: Economica, N. S., Vol. 5 (1938), S. 261—288 erwähnt.

[219] Vgl. etwa *Modigliani,* Franco: Diskussionsbeitrag zu „Liquidity and Uncertainty", in: AER Vol. 39 (1949), Papers and Proceedings, S. 201—208.

[220] Shackle repräsentiert die Verteilung durch 2 typische Werte und konstruiert dann aus beiden ein Entscheidungskriterium, vgl. die in Fußn. 122 S. 59 genannten Arbeiten von Shackle.

[221] Hurwicz verwendet ebenfalls zwei typische Werte, den günstigsten und den ungünstigsten Wert der Verteilung; beide verbindet er mittels eines Parameters $\lambda$, der die Risikoneigung des Investors wiedergibt, zu einem Kriterium. Ist $\lambda = 0$, ist seine Konzeption mit der des Maximum Minimorum, ist $\lambda = 1$, ist sie mit der des Maximum Maximorum identisch; vgl. *Hurwicz,* Leonid: Optimality Criteria for Decision Making under Ignorance, Cowles Commission Discussion Paper, Statistics Nr. 370, 1951, zitiert nach der Zusammenfassung bei *Luce-Raiffa:* Games and Decisions, a.a.O., S. 282—284.

[222] Ein ebenfalls zusammengesetztes Kriterium ist das von Hodges-Lehmann; in ihm ist die Konzeption des Erwartungswertes mit der des Maximum Minimorum über den Faktor $\lambda$ verbunden, der das Vertrauen in die Richtigkeit der Wahrscheinlichkeiten ausdrücken soll. Ist $\lambda = 0$, fehlt dem Investor also das Vertrauen, ist die Konzeption von Hodges-Lehmann mit der des Maximum Minimorum, ist $\lambda = 1$, so ist sie mit der des Erwartungswertes identisch; vgl. *Hodges,* J. L. und E. *Lehmann:* The Use of Previous Experience in Reaching Statistical Decisions, in: Annals of Mathematical Statistics Vol. 23 (1952), S. 396—407.

[223] Vgl. die in Fußn. 196—199 S. 93/94 genannte Literatur.

[224] Vgl. *Shackle:* Uncertainty in Economics and other Reflections, a.a.O., S. 13 f.

Rivalen seien; indem man einen auswähle, verwerfe man die anderen, und deshalb sei es unsinnig, sie mit in Betracht zu ziehen.

Diese Konsequenz aus dem Mehrwertigkeitsproblem und damit Begründung des typischen Wertes ist allerdings nicht überzeugend. Es wird nämlich die Situation vor der Entscheidung mit der nachher verwechselt[225, 226]. Vorher muß die ganze Reihe der Möglichkeiten berücksichtigt werden, hin bis zur unwahrscheinlichsten; jede muß die zu treffende Entscheidung beeinflussen können[227]. Shackles Beispiel deckt sich also mit dem Entscheidungsproblem nicht, denn dies resultiert doch daraus, daß der Investor keinen Einfluß darauf hat, wie bestimmte Determinanten der Vorteilhaftigkeit seiner Maßnahme ausfallen. Die dem Investor vergleichbare Person im Beispiel ist also die, der zwar bekannt ist, daß sich eine Reihe von Kandidaten um den Posten beworben haben, die aber keinen Einfluß auf die Wahl hat. Und sie wird doch einen jeden der Bewerber in ihre Überlegungen einschließen; es wird ihr etwa gut sein zu wissen, daß sie auf jeden Fall einen tüchtigen Mitarbeiter bekommen wird.

Entsprechend ist es somit auch nicht richtig, einen[228] aus der Menge der möglichen Werte auszuwählen und an ihm allein die Entscheidung zu orientieren; vielmehr sind dazu alle möglichen Werte zu berücksichtigen. Bei einem typischen Wert als Entscheidungskriterium bleiben aber die anderen möglichen Werte der Verteilung (deren Wahrscheinlichkeiten und die Wahrscheinlichkeit des typischen Wertes) unberücksichtigt[229].

Aber auch in dieser Hinsicht könnte der typische Wert als Entscheidungskriterium zu begründen versucht werden, und zwar damit, daß er den Charakter der Verteilung, der er entnommen ist, (in konzentrierter Form) wiedergibt und so die anderen möglichen Werte mitrepräsentiert.

Die anderen möglichen Werte der Verteilung werden dadurch jedoch nur implizite berücksichtigt, und das ist unzureichend, denn es werden

---

[225] Vgl. *Krelle:* Unsicherheit und Risiko in der Preisbildung, a.a.O., S. 401/402; *Krelle:* Preistheorie, a.a.O., S. 613/614.

[226] Vgl. in diesem Zusammenhang auch S. 24 und S. 56 ff.

[227] Vgl. dazu jedoch *Menger,* Karl: Das Unsicherheitsmoment in der Wertlehre. Betrachtungen im Anschluß an das sogenannte Petersburger Spiel, in: ZfN Bd. 5 (1934), S. 459—485, hier S. 471 und dazu wiederum *Arnold,* Hans: Risikentransformation. Finanzierungsinstrumente und Finanzierungsinstitute als Institutionen zur Transformation von Unsicherheitsstrukturen, Diss. Saarbrücken 1964, S. 146 ff.

[228] Oder zwei, wie Shackle und Hurwicz; siehe *Carter:* A Revised Theory of Expectations, a.a.O., S. 812.

[229] Vgl. auch Carter, der die Entscheidung zwar nicht nur an einem (zwei) Wert(en) der Verteilung orientieren will, aber auch nicht an allen; *Carter:* A Revised Theory of Expectations, a.a.O.; vgl. auch *Egerton:* Investment Decision under Uncertainty, a.a.O., insbes. Kap. 6.

dann Alternativen gleichbeurteilt, deren typischer Wert zwar derselbe ist, deren Verteilungen sich aber ansonsten unterscheiden.

## 2. Die Bedeutung des stellvertretenden Wertes für die Bestimmung der optimalen Alternative

Der stellvertretende Wert entspricht der Forderung einer expliziten Berücksichtigung aller möglichen Werte der Verteilung bei der Entscheidung. Er ist kein Wert der Verteilung (oder nur zufällig mit einem identisch)[230], sondern wird aus ihr entwickelt, und zwar so, daß er, an ihre Stelle gesetzt, zur selben Entscheidung führt wie diese.

### a) Die Konzeption des Sicherheitsäquivalents als Beispiel für den stellvertretenden Wert als Entscheidungskriterium

Die Konzeption des Sicherheitsäquivalents, die auf Böhm-Bawerk[231] und Keynes[232] zurückgeht und gleichzeitig von Hicks[233] und Lange[234] aufgegriffen wurde, geht in der Darstellung von Lange von folgender gedanklicher Konstruktion aus: Ein Investor wird — bei normaler Einstellung zum Risiko — stets die sicherere der weniger sicheren Erwartung vorziehen, also zwei gleich hohe Erwartungen dann nicht gleich einschätzen, wenn ihre Sicherheit verschieden ist (in Abb. 6: $E_1 > E_2$). Daraus läßt sich folgern, daß der Investor eine Erwartung $E_1$ einer zwar niedrigeren, jedoch entsprechend sichereren Erwartung $E_3$ gleichsetzt ($E_1 \sim E_3$). Wird diese Überlegung fortgesetzt, findet man für jede unsichere eine äquivalente niedrigere, dafür sicherere Erwartung und endlich wird man auch die Erwartung finden, die sicher ist, das Sicherheitsäquivalent $S$[235]. $S$ steht stellvertretend für die unsichere Erwartung $E_1$; $S$ ist das Entscheidungskriterium.

Die Problematik des stellvertretenden Wertes liegt in folgendem: Lange geht vom (unsicheren) wahrscheinlichsten Wert aus und ermittelt den diesem äquivalenten sicheren Wert[236].

---

[230] In ihm sind auch nicht, wie beim zusammenfassenden Wert (s. S. 108 ff.), die Werte der Verteilung komprimiert.

[231] *Böhm-Bawerk*, Eugen v.: Capital und Capitalzins, 2. Abteilung: Positive Theorie der Capitales, 2. Aufl., Innsbruck 1902, S. 260.

[232] *Keynes*, John Maynard: The General Theory of Employment, Interest, and Money, London 1936, S. 24, Fußn. 3.

[233] *Hicks*, J[ohn] R[ichard]: Value and Capital, Nachdruck der 2. Aufl. von 1946, Oxford 1965, S. 124—126.

[234] *Lange*, Oscar: A Note on Innovations, in: Rev.Econ.Stud. Vol. 25 (1943), S. 19—25; *Lange*, Oscar: Price Flexibility and Employment, San Antonio, Texas, (1945), S. 31 und 32.

[235] Als Unsicherheitsprämie (bei Lange risk premium, bei Hicks allowance for risk) ist in der Literatur der Abschlag $SW$ von der wahrscheinlichsten Entnahme $OW$ bezeichnet, der zum Sicherheitsäquivalent $OS$ führt; vgl. Abb. 6.

[236] Zur Kritik der Konzeption des Sicherheitsäquivalents vgl. insbes. auch

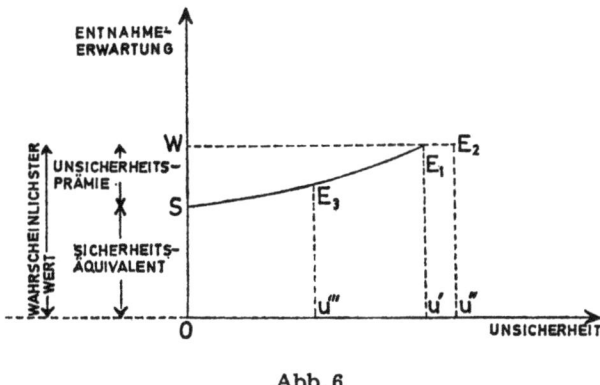

Abb. 6

Der wahrscheinlichste Wert $e_w$ ist aber nicht der einzige mögliche Wert der (hier normalverteilt angenommenen) Entnahme $E = (e_1, e_2, \ldots, e_w, e_j, \ldots)$, es ist ja bspw. auch $e_j$ möglich. Analog zu $e_w$ könnte für ihn dann gleichfalls ein Sicherheitsäquivalent ermittelt werden, nämlich $S_j$; entsprechend für alle anderen möglichen Entnahmen.

Das ist absurd; für jeden möglichen, aber unsicheren, gäbe es einen äquivalenten sicheren Wert. Als unsicher ist jedoch gerade eine Situation bezeichnet, in der mehrere Werte möglich sind.

Es stellt sich daher die Frage nach dem Inhalt der Aussage „sicher" in der Konzeption. Sie kann sich nur auf den Bereich $xx'$ beziehen, in dem die möglichen Werte zu liegen kommen können. Zunehmende Sicherheit in der Konzeption wäre dann gleichbedeutend mit einer Einengung des Bereichs $xx'$ in Richtung auf das Sicherheitsäquivalent für den wahrscheinlichsten Wert hin (etwa in der in Abb. 7 schraffierten Weise). Tatsächlich aber wird dieser keineswegs eingeengt, denn immer noch sind lediglich und alle Werte $e_j$, $j = 1, 2, \ldots$ möglich.

Die Reduzierung der Mehrwertigkeit ist also nur fiktiv; sie kann als Versuch verstanden werden, mit einem gleichsam kleinsten gemeinsamen Nenner der Alternativen ein Maß für deren Vorteilhaftigkeit zu finden. In dieser Absicht der Konzeption liegt aber auch gleichzeitig ihr Mangel: $S$ kann dann nämlich auch nur ein fiktiver Wert sein. Und entsprechend wie man sich nicht einen Meter vorstellen und dann messen kann, ist das Sicherheitsäquivalent als Maß der Vorteilhaftigkeit nicht operabel und damit für eine präskriptive Theorie unbrauchbar.

*Niehans:* Zur Preisbildung bei ungewissen Erwartungen, a.a.O., S. 434; *Friedman*, Milton: Lange on Price Flexibility and Employment: A Methodological Criticism, in: AER Vol. 36 (1946), S. 613—631; *Hart*, Albert G[ailord]: Assets, Liquidity, and Investment, in: AER Vol. 39 (1949), Papers and Proceedings, S. 171—181, hier S. 180.

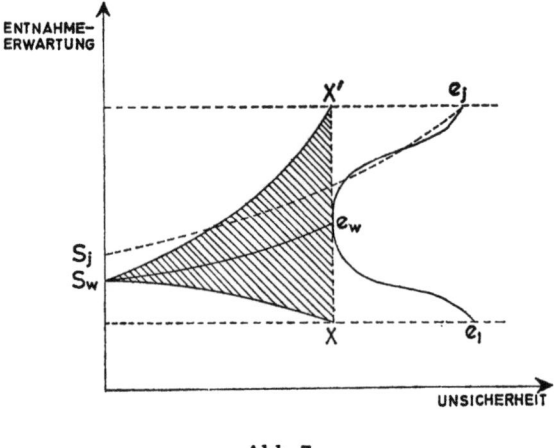

Abb. 7

Die Konzeption von Lange könnte unter diesem Aspekt aber um-
interpretiert werden. Die Menge der dem Investor möglichen Alternativen könnte nämlich in der angegebenen Weise geordnet werden;
die Punkte $kk'$ würden dann nicht fiktive, sondern tatsächliche Alternativen kennzeichnen, die sich unterscheiden, weil ihre Entnahme
unterschiedlich gestreut ist. Zunehmende Sicherheit der auf $kk'$ liegenden Alternativen drückt sich dann in einem immer kleiner werdenden
Bereich ihrer möglichen Entnahme aus; $S$ kennzeichnet eine Alternative,
deren möglicher Bereich in einem Punkt zusammengeschrumpft ist,
deren Entnahme also für sicher gehalten wird (Abb. 8).

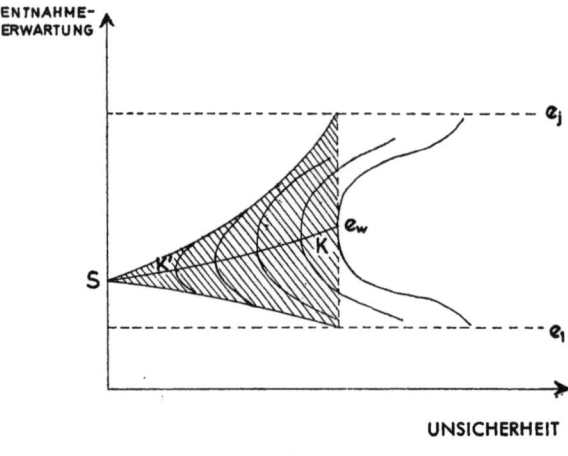

Abb. 8

Die einer bestimmten Alternative äquivalente siche(re)re Alternative ist in der Uminterpretation des Vorschlags von Lange zwar nicht mehr fiktiv, diese Uminterpretation legt aber den entscheidenden Mangel der Konzeption des stellvertretenden Wertes bloß: Die Bestimmung der einer Alternativen äquivalente siche(re)re Alternative setzt die Lösung des Entscheidungsproblems, die sie eigentlich beinhalten müßte, voraus; denn dies besteht doch gerade darin, zu sagen, welche der möglichen Alternativen gleich gut sind, zwischen denen der Investor also indifferent zu sein hat (bzw. welche er vorzuziehen hat, weil sie besser ist); mit anderen Worten, die Konzeption des stellvertretenden Wertes basiert auf einem Zirkel[237].

### b) Die Kritik der Verwendung eines stellvertretenden Wertes als Entscheidungskriterium

Auf den stellvertretenden Wert als eine Grundform der Lösung des Mehrwertigkeitsproblems lassen sich eine Reihe von Lösungsversuchen in der Literatur zurückführen, so neben den erörterten von Böhm-Bawerk, Keynes, Hicks und Lange die von Shackle[238] und Krelle[239, 240].

Der stellvertretende Wert ist der Versuch, die mehrwertige Erwartung durch einen Wert zu repräsentieren und diesen als Entscheidungskriterium zu verwenden.

Wie für die Konzeption des Sicherheitsäquivalents nachgewiesen, beruht er jedoch auf einem Zirkel. Da er als der Wert charakterisiert ist, der an die Stelle der mehrwertigen Erwartung gesetzt, zur selben Entscheidung führt wie diese, wird nämlich zu seiner Bestim-

---

[237] Darauf hat schon *Niehans:* Zur Preisbildung bei ungewissen Erwartungen, a.a.O., S. 434 und 435, hingewiesen.

[238] Zum Vergleich der durch zwei Fokuswerte charakterisierten Alternativen konstruiert Shackle einen Wert, der den beiden Fokuswerten äquivalent ist, vgl. etwa *Shackle:* Expectation in Economics, insbes. S. 15.

[239] *Krelle:* Unsicherheit und Risiko in der Preisbildung, a.a.O., S. 397—401; *Krelle:* Preistheorie, a.a.O., S. 590—593; Krelle ermittelt nicht eine der Verteilung äquivalente sichere Entnahme, sondern eine, deren Wahrscheinlichkeit 0,5 ist. Vgl. auch den von *Schneider:* Der Einfluß der Steuern auf die unternehmerischen Investitionsentscheidungen, a.a.O., S. 101 f., im Rahmen seines Ansatzes verwendeten stellvertretenden Wert.

[240] Auch die Versuche, der Unsicherheit der Größen der Rechnung dadurch zu genügen, daß man Zuschläge zu den Auszahlungen (zum Kalkulationszins) bzw. Abschläge von den Einzahlungen oder Entnahmen macht (vgl. *Gutenberg:* Der Stand der wissenschaftlichen Forschung auf dem Gebiet der betrieblichen Investitionsplanung, a.a.O., S. 563/564; *Schneider* Wirtschaftlichkeitsrechnung, a.a.O., S. 128 Fußn. 2; *Lutz:* The Theory of Investment of the Firm, a.a.O., S. 82 und 92) gehören hierher; denn die Korrekturen sind Unsicherheitsprämien und die korrigierten Größen die Sicherheitsäquivalente (vgl. Abb. 6 S. 105).

mung letzteres Problem als gelöst vorausgesetzt; gerade das aber ist das Entscheidungsproblem.

Der stellvertretende Wert ist deshalb für eine präskriptive Theorie unbrauchbar.

### 3. Die Bedeutung des zusammenfassenden Wertes für die Bestimmung der optimalen Alternative

Es bleibt somit nur noch die Möglichkeit, ein Entscheidungskriterium derart aus der Entnahmeverteilung abzuleiten, daß deren Werte in einem Wert zusammengefaßt werden.

Der erste Schritt in Richtung eines zusammenfassenden Wertes ist die Addition der einzelnen Werte der Verteilung[241]. Die Summe der Einzelwerte als Entscheidungskriterium ist jedoch unzureichend, weil die Wahrscheinlichkeiten der möglichen Entnahmen unberücksichtigt bleiben.

Das Problem der Bedeutung der Wahrscheinlichkeiten für die Entscheidung wurde schon an anderer Stelle diskutiert, mit dem Ergebnis, daß mit ihnen die möglichen Entnahmen zu gewichten sind.

*a) Die Konzeption des Erwartungswertes als Beispiel für den zusammenfassenden Wert als Entscheidungskriterium*

Der nächste Schritt führt dann zum Erwartungswert; er ist definiert als die Summe der mit ihren Wahrscheinlichkeiten $p_j$ gewogenen möglichen Entnahmen $e_j$[242].

$$\mu = \sum_j e_j p_j$$

$$j = 1, 2, \ldots$$

Die Bedeutung des Erwartungswertes als Entscheidungskriterium ist in der Literatur umstritten; seine Problematik jedoch erkannnt[243].

Seine Bedeutung ist für einen Entscheidungsfall unumstritten, in dem die Bedingungen zur Ermittlung und Anwendung objektiver Wahr-

---

[241] Vgl. in diesem Zusammenhang auch die sog. Laplace-Regel (*Schneeweiß:* Entscheidungskriterien bei Risiko, a.a.O., S. 21; *Chernoff:* Rational Selection of Decision Functions, a.a.O.); s. auch Fußn. 108 S. 54.

[242] Die Konzeption des Erwartungswertes wird in der Literatur auf Bayes zurückgeführt; *Bayes,* Thomas: An Essay towards Solving a Problem in the Doctrine of Chances, in: Philosophical Transactions of the Royal Society Vol. 53 (1763), S. 370—418; wiederabgedruckt in: Biometrika Vol. 45 (1958), S. 296—315.

[243] Vgl. *Arrow:* Alternative Approaches to the Theory of Choice in Risk-Taking Situations, a.a.O.; *Grayson* Jr.: Decisions under Uncertainty, a.a.O., S. 263—278.

scheinlichkeiten vorliegen, insbesondere also der Entscheidungsfall genügend oft wiederholt wird[244]: Die durch den Erwartungswert angegebene Entnahme wird sich empirisch bestätigen, und es ist daher rational, die Alternative zu wählen, deren Erwartungswert der größte ist.

Sind aber die Wahrscheinlichkeiten nicht objektiv, so ist nicht sicher, daß eine mögliche Entnahme in der durch ihre Wahrscheinlichkeit angegebenen Prozentzahl aller Fälle eintrifft, die Summe der Abweichungen der Einzelfälle von $\mu$ tatsächlich = 0 wird. Die Richtigkeit des Erwartungswertes kann dann also nicht mehr damit begründet werden, daß er sich empirisch bestätigen wird; vielmehr würde dies höchstens Zufall sein.

Und wird die Entscheidung nicht genügend oft, sondern nur einmal getroffen, so ist der Investor nicht sicher, daß sich eine befriedigende Entnahme wie es $\mu$ sein mag, realisiert, und nicht etwa eine unerträglich niedrige der möglichen Entnahmen. Orientiert er die Entscheidung dennoch am Erwartungswert, so enthält seine Überlegung zumindest einen „logischen Sprung"[245], der darin liegt, daß ein für eine Summe von Fällen gültiger Satz auf einen Einzelfall bezogen wird: Daß sich eine Entnahme $\mu$ aus der Entscheidung ergibt, ist nämlich nicht (oder nur zufällig, wenn eine mögliche Entnahme mit $\mu$ übereinstimmt) möglich; $\mu$ ergibt sich vielmehr nur, wenn die Entscheidung genügend oft wiederholt wird.

Das zu untersuchende Problem ist nun aber nicht nur dadurch gekennzeichnet, daß die Wahrscheinlichkeiten nicht objektiv sind oder aber die Entscheidung nicht genügend oft wiederholt wird, vielmehr dadurch, daß die Wahrscheinlichkeiten nur subjektiv sind und die Entscheidung nur einmalig ist[246].

Die Diskussion des Erwartungswertes als Entscheidungskriterium sei hier zunächst abgebrochen; sie wird unten[247] wieder aufgenommen.

Festgehalten werden kann aber: Der Erwartungswert genügt zwar unter dem Aspekt der Mehrwertigkeit den an ein Entscheidungskriterium zu stellenden Anforderungen, in ihm sind nämlich alle Werte der Verteilung komprimiert, jedoch hat er für den zu untersuchenden Fall nicht die Bedeutung, die er für den Fall hat, daß objektive Wahrscheinlichkeiten vorliegen und die Entscheidung genügend oft wieder-

---

[244] Vgl. jedoch *Schneeweiß*: Entscheidungskriterien bei Risiko, a.a.O., S. 173 ff.

[245] *Albach*: Wirtschaftlichkeitsrechnung bei unsicheren Erwartungen, a.a.O., S. 76.

[246] s. S. 20.

[247] s. S. 111 ff. und S. 125 f.

holt wird. Es besteht also eine Lücke zwischen dem Genügen des Erwartungswertes hinsichtlich des Mehrwertigkeitsaspekts und den sonst an ein Entscheidungskriterium zu stellenden Anforderungen.

### b) Die Kritik der Verwendung eines zusammenfassenden Wertes als Entscheidungskriterium

Die Anforderungen, die hinsichtlich des Mehrwertigkeitsproblems an ein Entscheidungskriterium gestellt werden müssen, sind eine explizite Berücksichtigung sowohl aller möglichen Entnahmen der Alternative als auch der diesen zugeordneten Wahrscheinlichkeiten. Diesen Anforderungen genügt der typische Wert nicht, weil er lediglich implizite die anderen möglichen Werte der Verteilung berücksichtigt; der stellvertretende Wert ist für eine präskriptive Theorie unzureichend, weil er auf einem Zirkel basiert.

Es genügt also nur der zusammenfassende Wert, und zwar allein der Erwartungswert, den unter dem Mehrwertigkeitsaspekt an ein Entscheidungskriterium zu stellenden Anforderungen[248]. Dennoch ist der Erwartungswert für das zu untersuchende Entscheidungsproblem unbefriedigend; er bedarf einer Erweiterung.

### B. Das Problem der Bedeutung der Risikoneigung des Investors für die Bestimmung der optimalen unter den relevanten Alternativen

Die relevanten Alternativen unterscheiden sich durch die Höhe ihrer Risiken; es gibt Alternativen, deren Risiken kaum spürbar sind, deren Chancen dafür aber auch geringer sind, und solche, die riskanter sind, deren Chancen dafür aber auch größer sind. Es ist im folgenden zu prüfen, ob überhaupt und inwiefern die Risikoneigung des Investors bestimmend dafür ist, welche der Alternativen optimal ist. Als Risikoneigung ist dabei die Intensität verstanden, mit der ein Individuum die Abneigung (Risikoaversion), Zuneigung (Risikopräferenz) bzw. Gleichgültigkeit (Risikoindifferenz) gegenüber einer riskanteren (dafür chancenreicheren) Alternative empfindet.

---

[248] Neben den erörterten Konzeptionen basieren auch die von Hart und Tintner (s. die in Fußn. 16 S. 15 genannten Arbeiten; siehe aber auch S. 51), Baumol-Turvey (*Baumol*, William J. [und Ralph *Turvey*]): Economics Dynamics, An Introduction, New York—London—Tokio 2. Aufl., (1959), S. 88—93), Hurwicz (s. Fußn. 221 S. 102), Hodges-Lehmann (s. Fußn. 222 S. 102) auf einem zusammenfassenden Wert; vgl. auch die in Fußn. 199 S. 94 genannten Konzeptionen; s. auch die auf S. 124 ff. diskutierten Erweiterungen der Konzeption des Erwartungswertes.

Es lassen sich drei Grundformen des für vernünftig bezeichneten Risikoverhaltens deutlich in der Literatur unterscheiden:

(1) die These, daß die Risikoneigung des Investors für seine Entscheidung nicht bestimmend sein darf (Postulat risikoindifferenten Verhaltens)

(2) die These, daß der Investor bei der Entscheidung risikofreudig bzw. risikoscheu zu sein habe (Postulat risikofreudigen bzw. risikoscheuen Verhaltens)

(3) die These, daß die tatsächliche Risikoneigung des Investors für seine Entscheidung bestimmend ist.

Im folgenden wird zu zeigen sein, welche Postulate bezüglich des Risikoverhaltens die in der Literatur vorgeschlagenen Entscheidungsregeln implizieren, aus welchen Auffassungen über die Rolle der Risikoneigung bei der Bestimmung des Optimums sie sich begründen und wie sie ihrerseits zu beurteilen sind.

### 1. Die Bedeutung des Postulats risikoindifferenten Verhaltens für die Bestimmung der optimalen Alternative

Die Auffassung, daß es nicht von der Risikoneigung des Investors abhängen könne, welche Alternative die optimale ist[249], findet sich in der Literatur in der Regel nicht explizite vertreten, ist aber in den entwickelten Entscheidungsregeln impliziert.

Die Auffassung ließe sich damit begründen, daß die Frage, welche Alternative die optimale ist, allein durch die Eigenschaften der Alternativen bestimmt ist, und nicht durch solche des Investors; die Risikoneigung aber eine Eigenschaft des Investors ist. Aus dieser Auffassung folgt, daß die möglichen Entnahmen der Alternativen nicht der Risikoneigung des Investors entsprechend zu relativieren sind, aus ihr begründet sich mit anderen Worten das Postulat risikoindifferenten Verhaltens[250].

### a) Die Konzeption des Erwartungswertes als Beispiel für das Postulat risikoindifferenten Verhaltens

Nach der Konzeption des wahrscheinlichsten Wertes hat der Investor ungeachtet der möglichen Risiken der Alternativen und damit auch ungeachtet seiner Risikoneigung zu entscheiden. Daß eine Aus-

---

[249] Diese These ist der Ausgangspunkt für *Bernoulli*: Versuch einer neuen Theorie der Wertbestimmung von Glücksfällen, a.a.O., insbes. S. 25.
[250] Vgl. etwa *Ott*, Alfred E[ugen]: Marktform und Verhaltensweise, Stuttgart 1959, S. 138/139.

einandersetzung mit der Möglichkeit einer Abweichung der tatsächlichen Entnahme der Alternativen von ihrer wahrscheinlichsten notwendig ist, darauf muß nicht weiter eingegangen werden, das ist der Ausgangspunkt dieser Arbeit; Problem ist, wie sich mit ihr auseinandergesetzt werden soll, und darauf gibt die Konzeption des wahrscheinlichsten Wertes keine Antwort, es sei denn, man betrachtete den implizite postulierten Verzicht auf diese Auseinandersetzung als eine solche.

Die Berücksichtigung der möglichen Abweichungen führt zum Erwartungswert als Entscheidungskriterium. Ein erster Schritt in diese Richtung war, wie gezeigt, das Kriterium der Summe der Einzelwerte. Nach diesem Kriterium ist die Risikoneigung des Investors für seine Wahl insofern nicht bestimmend, als bestimmte negative Abweichungen vom Kriteriumswert durch (in der Summe) gleich hohe positive aufgewogen werden, für ihn, wenn er etwa risikoscheu ist, die Gefahr, weniger entnehmen zu können, jedoch schwerer wiegt als die Chance, gleich viel oder sogar mehr entnehmen zu können; die in dem Kriterium implizierte Nutzenfunktion $z = z\,(e)$ ist also linear, die eines risikoindifferenten Investors dagegen verläuft degressiv.

Das Kriterium der Summe der Einzelwerte war jedoch noch unbefriedigend, weil die Wahrscheinlichkeiten unberücksichtigt blieben; deren Berücksichtigung führte dann zur Konzeption des Erwartungswertes.

Da jedoch nur eine lineare Funktion $z = z\,(p)$; $e$ konst., sinnvoll ist, der Investor also eine Chance, mit einer Wahrscheinlichkeit von 0,6 100 zu entnehmen, äquivalent zu halten hat zwei Chancen, 100 zu entnehmen mit je einer Wahrscheinlichkeit von 0,3[251], ist die im Erwartungswert implizierte Beziehung $z = z\,(e, p)$ ebenfalls linear.

Welche der möglichen Alternativen optimal ist, ist in dieser Konzeption somit allein durch die Eigenschaften der Alternative selbst bestimmt, das sind ihre möglichen Entnahmen und deren Wahrscheinlichkeiten, und nicht durch die Risikoneigung als einer Eigenschaft des Investors. Das Kriterium läßt es also nicht zu, daß eine Alternative einer anderen vorgezogen wird, wenn der Erwartungswert der gleiche ist, auch wenn deren Risiken noch so stark differieren; ein risikoscheuer Investor dagegen würde diejenige vorziehen, deren negative Abweichungen von $\mu$ niedriger und Wahrscheinlichkeiten dafür geringer, ein risikofreudiger Investor dagegen diejenige, deren positive

---

[251] Das ist auch der Inhalt des sog. Additionssatzes der Wahrscheinlichkeiten; vgl. dazu *Krelle*: Preistheorie, a.a.O., S. 93, vgl. jedoch auch die andere Auffassung von *d'Alembert*: Opuscules mathématiques, Bd. 4, 1768, zitiert nach *Keynes*: Über Wahrscheinlichkeit, a.a.O., S. 261 und 263.

Abweichungen größer und die Wahrscheinlichkeiten dafür höher sind, er scheut die Gefahr größerer negativer Abweichungen von $\mu$ nicht.

Dieses in der Konzeption des Erwartungswertes implizierte Postulat risikoindifferenten Verhaltens ist allerdings, darauf wird zurückzukommen sein, problematisch.

Dies hatte auch in der Literatur zur Folge, daß der Erwartungswert nicht als Entscheidungskriterium, sondern lediglich als ein Maß für die Höhe der Entnahmeerwartung der Alternativen vorgeschlagen wird, das durch ein Maß für deren Sicherheit zu ergänzen ist. In diesem Falle wird also nicht nur die Sicherheit der Erwartung denkbarer Entnahmen einer Alternative gemessen, sondern darüber hinaus und abweichend von der vorgetragenen Konzeption die Sicherheit der ganzen Alternative. Beide, $\mu$ und das Maß für die Sicherheit, sind dann lediglich Elemente des Entscheidungskriteriums.

Als Maß für die Sicherheit der Alternativen wird in der Literatur die Varianz oder die mittlere quadratische Abweichung[252] vorgeschlagen; es werden aber auch die Spannweite[253], die Ruinwahrscheinlichkeit[254] u. a. verwendet[255].

Die aus diesen Elementen konstruierten Entscheidungskriterien sind jedoch schon deshalb unbefriedigend, weil die Elemente unbefriedigend sind. Es genügt, dies für den Fall zu zeigen, daß die Alternativen durch ihren Erwartungswert und ihre Varianz definiert sind.

Eine richtige Messung der Höhe der Entnahmeerwartung aus einer Alternative mittels des Erwartungswertes impliziert, wie gezeigt, die Prämisse risikoindifferenten Verhaltens, entsprechend die Messung der Sicherheit mittels der Varianz. Da also nur für den risikoindifferenten Investor zwei Alternativen äquivalent sind, deren Erwartungswert und Varianz übereinstimmen, deren Verteilungen sich ansonsten aber unterscheiden[256], folgt, daß Höhe und Sicherheit der Entnahmeerwartung

---

[252] Etwa von *Marschak:* Money and the Theory of Assets, a.a.O.; *Lutz:* The Theory of Investment of the Firm, a.a.O.; *Markowitz:* Portfolio Selection, a.a.O.; *Freund,* Rudolf J.: The Introduction of Risk into a Programming Model, in: Econometrica Vol. 24 (1956), S. 253—263.

[253] Vgl. *Lange:* Price Flexibility and Employment, a.a.O., S. 29 f.

[254] Vgl. etwa *Roy,* A[ndrew], D[onald]: Safety First and the Holding of Assets, in: Econometrica Vol. 20 (1952), S. 431—449; *Allais:* Le Comportement de l'Homme Rationnel devant le Risque: Critique des Postulats et Axiomes de l'Ecole Americaine, a.a.O.; *Telser,* Lester G.: Safety First and Hedging, in: Rev.Econ.Stud. Vol. 23 (1955/56), S. 1—16.

[255] Zur Kritik der genannten und anderer in der Literatur vorgeschlagener Maße der Sicherheit der Alternativen vgl. *Markowitz:* Portfolio Selection. Efficient Diversification of Investment, a.a.O.; *Schneeweiß:* Entscheidungskriterien bei Risiko, a.a.O.

[256] *Grayson* Jr., C. Jackson: The Use of Statistical Techniques in Capital Budgeting, in: Alexander A. Robichek (ed.): Financial Research and Management Decisions, New York—London—Sydney (1967), S. 90—132, hier S. 121.

nur für den risikoindifferenten Investor zutreffend gemessen werden, nicht aber für den risikoscheuen bzw. risikofreudigen[257].

Wenn somit aber schon die Elemente unzureichend sind, müssen es die aus ihnen konstruierten Entscheidungskriterien gleichfalls sein; sie werden deshalb im folgenden auch nicht weiter erörtert.

### b) Die Kritik des Postulats risikoindifferenten Verhaltens bei der Bestimmung des Optimums

Die Problematik der These, daß es nicht von der Risikoneigung des Investors abhängen kann, welche der möglichen Alternativen optimal ist, mit der das Postulat risikoindifferenten Verhaltens und damit wiederum der Erwartungswert als Entscheidungskriterium begründet ist[258], zeigt sich deutlich am sog. Petersburger Spiel, das folgendermaßen gespielt wird: Eine Münze wird geworfen, und zwar so lange, bis zum ersten mal „Zahl" fällt. Geschieht das schon beim ersten Wurf, so zahlt die Bank 2 Mark; fällt Zahl erst beim zweiten Wurf, so zahlt sie 4 Mark, beim dritten Wurf 8 Mark usw. (allgemein beim $n$-ten Wurf $2^n$ Mark). Der Betrag, den die Bank als Einsatz für dieses Spiel fordern muß, ist $\mu = 2 \cdot \frac{1}{2} + 4 \cdot \frac{1}{2} + 8 \cdot \frac{1}{2} + \ldots = \infty$. Nichts aber kann paradoxer sein[259]: Obwohl jeder von der Bank geforderte Einsatz gerechtfertigt ist, wird sich kein Spieler finden, der bereit ist, für dieses Spiel auch nur einen mäßig hohen Einsatz zu wagen. Aber auch das in der Realität beobachtbare Verhalten stimmt mit dem in der Konzeption des Erwartungswertes implizierten Risikoindifferenz nicht überein. So wird in der Realität an Lotterien teilgenommen, obwohl deren Erwartungswert $< 0$ ist, der (gering wahrscheinlichen) sehr hohen Chancen wegen. Entsprechend, nur umgekehrt, ist das Verhalten von

---

[257] Dies hat in der Literatur dazu geführt, die Alternativen nicht nur durch den Erwartungswert und die Varianz zu kennzeichnen, sondern zusätzlich noch durch ein Maß für die Schiefe und/oder die Wölbung ihrer Verteilung (vgl. *Marschak:* Money and the Theory of Assets, a.a.O.; *Brozen,* Yale: Diskussionsbeitrag zu Markowitz: Theories of Uncertainty and Financial Behavior [abstr.], in: Econometrica Vol. 19 (1951), S. 326 u. 327; *Albach:* Wirtschaftlichkeitsrechnung bei unsicheren Erwartungen, a.a.O., S. 136); die Vereinfachung, die mit der Kennzeichnung der Alternativen durch nur zwei Größen an Stelle der vielwertigen Verteilung beabsichtigt war, wird dadurch jedoch in ihr Gegenteil verkehrt.

[258] Neben den erörterten implizieren etwa auch die Konzeptionen von Hart, Tintner, Baumol-Turvey, des Zentralwertes und des schwersten Wertes das Postulat risikoindifferenten Verhaltens.

[259] Zum Petersburger Spiel und zur Auflösung des Paradoxons vgl. *Bernoulli:* Versuch einer neuen Theorie der Wertbestimmung von Glücksfällen, a.a.O.; *Menger:* Das Unsicherheitsmoment in der Wertlehre. Betrachtungen im Anschluß an das sogenannte Petersburger Spiel, a.a.O., und dort genannte Literatur.

Versicherungsnehmern; obwohl der Erwartungswert bei Selbstversicherung geringer ist als die Prämie, die Fremdversicherung also nicht vernünftig erscheint, wird fremdversichert, um den (gering wahrscheinlichen) sehr hohen Risiken auszuweichen.

Daß das tatsächliche Verhalten von dem in der Konzeption des Erwartungswertes implizit postulierten Verhalten abweicht, daß sich also kein Spieler findet, der die (fairen[260]) Bedingungen des Petersburger Spiels akzeptiert, die Individuen aber die (unfairen) Bedingungen der Lotterien und Versicherungen akzeptieren, spricht allerdings noch nicht gegen die Rationalität des Erwartungswertes.

Die Diskussion des Postulats risikoindifferenten Verhaltens wird hier zunächst unterbrochen; soviel kann jedoch festgehalten werden: mit tatsächlichem Risikoverhalten stimmt es nicht überein.

### 2. Die Bedeutung des Postulats risikoscheuen bzw. risikofreudigen Verhaltens für die Bestimmung der optimalen Alternative

Neben der Auffassung, daß es allein von der Entnahmeverteilung der Alternativen und nicht auch von der Risikoneigung des Investors abhängen könne, welche der möglichen Alternativen die optimale ist, wird in der Literatur auch die gegenteilige Auffassung vertreten: Die explizite postulierte Risikoaversion oder Risikopräferenz ist eine Konsequenz dieser Auffassung.

Das Postulat der Risikopräferenz etwa wird in der Literatur damit zu begründen versucht, daß Unternehmer Individuen sind, die risikofreudiger zu sein hätten als andere[261], das Postulat risikoscheuen Verhaltens damit, daß der Unternehmer für das Unternehmen verantwortlich ist und deshalb vorsichtig zu entscheiden habe[262]. Solche Begründungen des jeweils postulierten Risikoverhaltens zu erörtern, kann jedoch hier nicht der Ort sein; sie sind von vornherein als Werturteile erkennbar und damit nicht weiter diskutierbar. Im folgenden soll vielmehr allein geprüft werden, ob das postulierte Verhalten

---

[260] „Fair" sind die Bedingungen, wenn der Erwartungswert des Spielers bzw. des Versicherungsnehmers mit dem der Bank bzw. der Lotterie bzw. der Versicherung übereinstimmt; die Bedingungen der Banken, Lotterien und Versicherungen sind jedoch regelmäßig „unfair", weil sie ihre Kosten decken müssen und Gewinne erzielen wollen.

[261] Das entspricht etwa der Schumpeterschen Auffassung vom Unternehmer, vgl. *Schumpeter*, Joseph: Theorie der wirtschaftlichen Entwicklung. Eine Untersuchung über Unternehmergewinn, Kapital, Kredit, Zins und den Konjunkturzyklus, 2. Aufl., München und Leipzig 1926.

[262] Das entspricht etwa der Auffassung der sog. Berner Schule, vgl. *Walther*, Alfred: Einführung in die Wirtschaftslehre der Unternehmung, 2. Band: Die Unternehmung, Zürich 1953, vgl. auch *Sonderegger*, Fritz: Das Prinzip der Erhaltung der Unternehmung als Grundproblem der modernen Wirtschaftslehre, Bern 1950.

rationalem Verhalten entspricht; das soll am Beispiel des Postulats
der Risikoaversion geschehen[263].

### a) Die Konzeption des Maximum Minimorum als Beispiel für das Postulat risikoscheuen Verhaltens

Die Rationalität des Verhaltens nach der Konzeption des Maximum
Minimorum wird damit zu begründen versucht, daß man das Umweltverhalten nicht als neutral unterstellen dürfe, sondern als feindlich
annehmen müsse[264, 265]; und bei feindlichem Umweltverhalten sei es
nicht nur vernünftig, sich risikoscheu, sondern es sei darüber hinaus
vernünftig, sich genau wie in der Konzeption postuliert zu verhalten:
die Entscheidung allein an der niedrigsten der möglichen Entnahmen
der Alternative zu orientieren.

Ist die Umwelt ein rational disponierender Gegner, dann ist in der
Tat ein Verhalten nach der Konzeption des Maximum Minimorum
vernünftig. Die Annahme feindlichen Umweltverhaltens impliziert
dann aber auch, daß der Investor die Wahrscheinlichkeit des ungünstigsten Ergebnisses einer Alternative mit 1 und die der anderen denkbaren
Ergebnisse mit 0 annimmt, die Erwartung im Grunde einwertig und
die Konzeption nur deshalb unter dem „Mehrwertigkeitsaspekt" begründet ist.

Da, wenn die Absicht der Umwelt nicht erkennbar ist, aber, insbesondere in der hier zu behandelnden Situation[266], kein Grund besteht,
so zu entscheiden, als ob sie sich böswillig verhielte[267], ist sowohl die
Behandlung der Mehrwertigkeit durch die Konzeption ungerechtfertigt
als auch das in ihr implizierte Postulat risikoscheuen Verhaltens.

Risikoscheues Verhalten wird jedoch auch zu begründen versucht,
wenn ausdrücklich mehrere Werte aus einer Entscheidung für möglich
gehalten werden, und zwar damit, daß es in einer solchen Situation
vernünftig sei, auf Nummer Sicher zu setzen und analog dem, daß ein
Vogel in der Hand besser ist als zwei im Busch, die Alternative zu
wählen sei, die im ungünstigsten Fall die beste ist[268].

---

[263] Das Postulat risikofreudigen Verhaltens ist in der Konzeption des Maximum Maximorum impliziert.
[264] *Wald:* Statistical Decision Functions, a.a.O., S. 27.
[265] Zusätzlich zum feindlichen Verhalten muß angenommen werden, daß
die Umwelt rational entscheidet.
[266] s. S. 11.
[267] Vgl. *Morgenstern,* Oskar: On the Accuracy of Economic Observations,
2. Aufl., Princeton 1963; deutsch: ... Über die Genauigkeit wirtschaftlicher
Beobachtungen, übers. von E. Schlecht, Wien—Würzburg 1965, S. 16.
[268] Vgl. *Hurwicz,* Leonid: Theory of the Firm and of Investment, in: Econometrica Vol. 14 (1964), S. 109—136, hier S. 110; vgl. auch *Modigliani:* Diskussionsbeitrag zu „Liquidity and Uncertainty", a.a.O., S. 205; *Krelle:* Optimale Entscheidungen bei Unsicherheit, a.a.O., S. 523.

In der Literatur wird allerdings das Postulat derart risikoscheuen Verhaltens meist abgelehnt: Außer von pathologisch ängstlichen Naturen, so wird gesagt, würde dieser Verhaltensvorschlag von keinem Investor akzeptiert[269]. Hier sind jedoch nicht Gründe zu prüfen, mit denen das postulierte Risikoverhalten jeweils gerechtfertigt oder abgelehnt wird, vielmehr soll die Problematik dessen, überhaupt ein bestimmtes Risikoverhalten zu fordern, herauszuarbeiten versucht werden. Und daß das in der Literatur als rational bezeichnete Verhalten von den Investoren nicht akzeptiert wird, ist aber, wie die Tatsache, daß es mit tatsächlichem Verhalten nicht übereinstimmt[270], noch kein Argument gegen das Bemühen, ein rationales Risikoverhalten zu finden und eine entsprechende Regel zu formulieren.

Das in der Konzeption des Maximum Minimorum postulierte extrem risikoscheue Verhalten ist jedoch sicher nicht Ausdruck rationalen Risikoverhaltens schlechthin. Es ist aber zu fragen, ob es nicht gewisse Grenzen für das maximal übernehmbare Risiko gibt und deren Respektierung vernünftiges Verhalten ist.

Zu dieser Frage gibt es eine umfangreiche Diskussion in der Literatur[271]. Zur Erläuterung der Problematik dieser Frage soll sich hier beispielhaft auf den bereits unter dem Aspekt der Mehrwertigkeit erörterten Ansatz von Koch beschränkt werden.

### b) Die Konzeption von Koch
### als Beispiel für das Postulat risikoscheuen Verhaltens

Nach Koch ist diejenige Alternative die optimale, die der Bedingung $e_j \geq M$ (Mindestentnahmebedingung) genügt und deren wahrscheinlichste Entnahme die größte ist. $M$ kann so festgelegt werden, daß eine bestimmte Risikoauswirkung nicht eintritt, bspw. so, daß der Ruin des Unternehmens gerade noch vermieden werden kann[272]; $M$ kann aber auch die Entnahme von 0 sein[273] usw.

---

[269] Vgl. etwa *Albach*: Wirtschaftlichkeitsrechnung bei unsicheren Erwartungen, a.a.O., S. 174 ff.; *Wittmann*: Unternehmung und unvollkommene Information, a.a.O., S. 151.

[270] Wie tatsächliches Verhalten vom in der Konzeption des Maximum Minimorum implizierten abweicht, zeigt *Ożga*: Expectations in Economic Theory, a.a.O., S. 265.

[271] Vgl. insbes. *Roy*: Safety First and the Holding of Assets, a.a.O.; *Roy*, A[ndrew] D[onald]: On Choosing between Probability Distributions, in: Rev. Econ. Stud. Vol. 22 (1954/55), S. 194—202; *Roy*, A[ndrew] D[onald]: Risk and Rank or Safety First Generalised, in: Economica Vol. 23 (1956), S. 214—228; *Telser*: Safety First and Hedging, a.a.O.; *Fellner*, William: Competition Among the Few, New York 1949, S. 146 ff.

[272] Vgl. die in Fußn. 271 genannte Literatur.

[273] Von Koch erwähnt.

Es geht hier jedoch nicht darum, die Problematik der in der Literatur postulierten Inhalte von $M$ zu erörtern, sondern darum, ob es überhaupt solche Grenzen für das maximal zu übernehmende Wagnis geben soll.

Die Konsequenzen des Postulats, keine Alternative zu realisieren, deren Risiko diese Grenzen übersteigt, lassen sich wie folgt explizieren: Bei rationalem Risikoverhalten ist der Investor einer bestimmten Investition gegenüber um so weniger abgeneigt, je höher c. p. ihre Entnahme bei einer bestimmten Konstellation ist, etwa in der in Abb. 9 wiedergegebenen Weise.

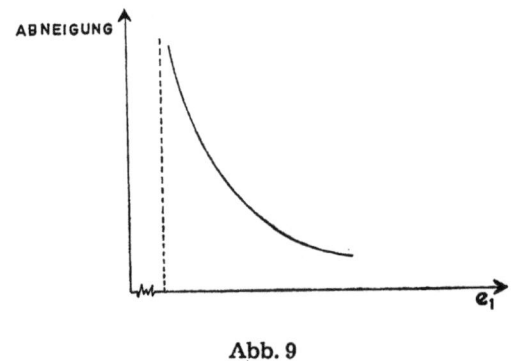

Abb. 9

Jetzt aber — und das ist gerade das Problem bei Unsicherheit — muß nicht $k_1$, es kann ja auch (und nur, damit eine graphische Darstellung möglich ist) $k_2$ eintreffen; $k_1$ und $k_2$ seien gleichwahrscheinlich.

Wiederum kann gesagt werden, daß die Abneigung gegenüber der Investition mit c. p. zunehmender Entnahme bei $k_2$ abnimmt, und zwar in gleicher Weise wie in Abb. 9. Im dreidimensionalen Raum ergibt sich dann folgendes Bild (Abb. 10).

Aus der Projektion horizontaler Schnitte der sich über der $e_1$, $e_2$-Ebene wölbenden (Nutzen-)Fläche auf die $e_1$, $e_2$-Ebene resultiert dann eine Schar von Indifferenzkurven, an der sich die Problematik der Kochschen Konzeption, der Forderung eines bestimmten Risikoverhaltens überhaupt, zeigen läßt.

Sollte $M$ in Höhe von $OA'$ bzw. $OA''$ festgelegt sein, so wird der Investor von zwei möglichen Investitionen $x_1$ und $x_2$ letztere nicht realisieren können, da deren Entnahme bei $k_1$ kleiner als $M$ ist. Er würde also lediglich $x_1$ realisieren dürfen, hielte er sich an das Postulat.

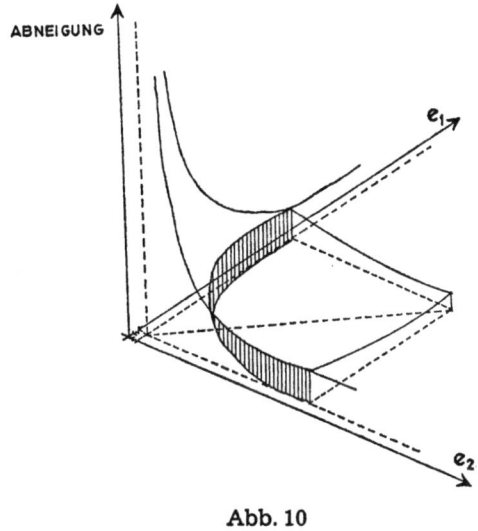

Abb. 10

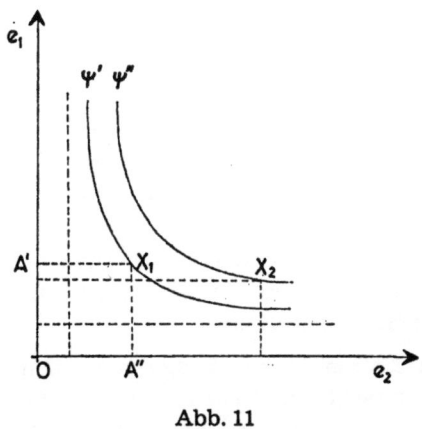

Abb. 11

Er würde dadurch aber sein Ziel zu einem geringeren Grad erreichen, nämlich zu dem durch die Indifferenzkurve $\psi'$ repräsentierten, auf der die Alternative $x_1$ liegt; er würde einen möglichen höheren, nämlich den durch die Indifferenzkurve $\psi''$ repräsentierten, verfehlen, auf der $x_2$ liegt. Die Wahl von $x_1$, also die Befolgung des Postulats, scheint unter diesem Aspekt nicht vernünftig.

Daß der mögliche höhere Zielrealisierungsgrad verfehlt wird, resultiert daraus, daß die Grenze für die Entnahme, die nicht unterschritten werden darf, vorgegeben ist, und zwar ungeachtet der möglichen Chancen einer Entscheidung, d. h. nicht berücksichtigt ist, daß der Investor bereit ist, ein höheres Risiko einzugehen, auch den Bestand des Unternehmens zu wagen, wenn diesem Risiko eine entsprechend große Chance gegenübersteht.

Damit ist gezeigt, daß die Befolgung des Postulats einen niedrigeren Zielrealisierungsgrad zur Folge haben kann; dann nämlich, wenn die postulierte Risikoneigung nicht (zufällig) mit der tatsächlichen des Investors, die sich im Verlauf der Indifferenzkurven ausdrückt, übereinstimmt. Dem Postulat zu genügen, kann also nichtrational sein, wenn man rationales Handeln als das versteht, das zum höchstmöglichen Zielrealisierungsgrad führt.

Dieser Nachweis beruht jedoch auf einer (nicht belegten) Annahme, der Annahme, daß die Sicherheitspräferenz (deren Reziprok die Risikoneigung ist) Bestandteil der Zielfunktion ist.

### c) Die Kritik des Postulats risikoscheuen bzw. risikofreudigen Verhaltens bei der Bestimmung des Optimums

Mit dem Hinweis darauf, daß das in den vorgeschlagenen Entscheidungsregeln postulierte nicht mit tatsächlichem Risikoverhalten übereinstimmt[274], bzw. mit dem Hinweis darauf, daß das postulierte Risikoverhalten von den Investoren abgelehnt wird[275], wird die Frage nach dem rationalen Risikoverhalten nicht entschieden.

Es wird nämlich nicht zureichend belegt, daß die Formen des postulierten Risikoverhaltens nicht rational sind, es könnte vielmehr sein, daß das in der Realität beobachtbare Verhalten nicht rational ist, bzw. die Investoren sich nicht rational verhalten, wenn sie dem postulierten Risikoverhalten nicht entsprechen.

Wesentlich zum Entscheid der Frage nach dem rationalen Risikoverhalten kann aber nicht eine Prüfung der Argumente sein, mit denen die postulierten Formen des Risikoverhaltens jeweils begründet oder abgelehnt werden, wie es in der Literatur geschieht[276], sondern nur eine Kritik dessen, überhaupt eine bestimmte Risikoeinstellung zu fordern.

---

[274] Was am Beispiel der Konzeption des Erwartungswertes gezeigt wurde, s. S. 111 ff.

[275] Was am Beispiel der Konzeption des Maximum Minimorum gezeigt wurde, s. S. 116 ff.

[276] Vgl. etwa *Luce-Raiffa*: Games and Decisions, a.a.O., S. 278 ff.; *Albach*: Wirtschaftlichkeitsrechnung bei unsicheren Erwartungen, a.a.O., S. 174 ff.

Eine Kritik gelingt, wenn die Sicherheitspräferenz Bestandteil der Zielfunktion ist. Dann nämlich läßt sich zeigen, daß der höchstmögliche Zielrealisierungsgrad verfehlt werden kann, wenn dem Postulat entsprochen wird, es daher nicht rational ist, ihm zu entsprechen, wenn man rationales Handeln als das definiert, das zum höchsten Grad der Zielrealisierung führt.

Im explikativen Teil wurde unterstellt, daß die Sicherheitspräferenz Bestandteil der Zielfunktion ist. Eine Begründung dafür wurde nicht gegeben. Sie kann aber auch hier nicht gegeben werden. Inhalt einer präskriptiven Theorie ist nämlich nicht die Begründung einer Zielfunktion, vielmehr ist die Zielfunktion Ausgangspunkt der präskriptiven Theorie; ihr Inhalt ist es, die Bestimmung der bezüglich dieser Zielfunktion optimalen Alternative zu ermöglichen[277].

Da die Zielfunktion, und damit, als eines ihrer Bestandteile, die Sicherheitspräferenz der Theorie als vom Investor vorgegeben zu betrachten ist, ist die Forderung einer bestimmten Risikoeinstellung einer Normierung der Zielfunktion gleichbedeutend; die Forderung einer bestimmten Risikoeinstellung ist mit anderen Worten ein Werturteil und daher abzulehnen[278].

Inhalt einer präskriptiven Theorie kann es also nicht sein, die vernünftige Risikoeinstellung des Investors, sondern nur die der tatsächlichen Risikoneigung des Investors entsprechend optimale Alternative zu bestimmen.

### 3. Die Bestimmung der der individuellen Risikoneigung des Investors entsprechend optimalen Alternative

Problem der präskriptiven Theorie ist also wohl rationales Risikoverhalten, aber nicht die Begründung einer bestimmten Risikoeinstellung. Rationales Risikoverhalten ist die Realisation der bezüglich der Zielfunktion (und das heißt auch Risikoneigung) des Investors optimalen Alternative.

Da die Risikoneigung als Determinante der Wahl zwischen den relevanten Alternativen erkannt ist, ist es an der Zeit zu fragen, wie die Risikoneigung wiederum determiniert ist.

Es sind zwei Determinanten zu unterscheiden[279]: Einmal bestimmt die Auswirkung eines möglichen Risikos auf das vom Investor ange-

---

[277] Vgl. die in Fußn. 1 S. 13 angegebene Literatur, etwa *Moxter*: Methodologische Grundfragen der Betriebswirtschaftslehre, a.a.O., S. 37.
[278] Vgl. auch *Moxter*: Grenzen der Verfahrensforschung (Operations Research) im betriebswirtschaftlichen Bereich, a.a.O., S. 199 ff.
[279] Das Vergnügen am Spiel, das in der Literatur (vgl. etwa *Davidson, Suppes, Siegel*: Decision Making. An Experimental Approach, a.a.O., S. 17 ff.;

strebte Ziel die Neigung des Investors, die betreffende Alternative zu wählen, und zum anderen sind in der Person des Investors liegende Faktoren und seine Umwelt für sie bestimmend.

*Die Risikoauswirkung als Determinante der Risikoneigung:* Zunächst bestimmt sich die Neigung, ein bestimmtes Risiko einzugehen (die damit verbundene Chance wahrzunehmen) danach, was das Risiko (die Chance) hinsichtlich desjenigen Zieles bedeutet, d. h. im Realisationsfalle schadet (nutzt), das der Investor mit seiner Entscheidung verfolgt. Diese Determinante sei mit Risikoauswirkung bezeichnet. Sie ist deshalb Determinante, weil aus einer Veränderung des Risikos eine nichtproportionale Änderung des Zielrealisierungsgrades folgen kann.

Daß dies so ist, hängt von institutionellen Umständen einerseits[280, 281] und der Besonderheit des Zieles, das der Investor anstrebt, andererseits ab. Ein solcher institutioneller Umstand, der die Risikoauswirkung und damit die Risikoneigung bestimmt, ist etwa die Rechtsform der Unternehmung: Die Auswirkung eines Risikos, dessen Realisation den Zusammenbruch des Unternehmens zur Folge hat, ist nämlich eine andere, wenn der Investor nur beschränkt und nicht unbeschränkt haften muß. Weil die Gläubiger zu einem möglicherweise erheblichen Teil an den Risiken teilhaben, die Chancen einer Investition ihm dagegen allein zustehen, wird der Investor also geneigter sein, das mit der Investition verbundene Risiko zu übernehmen[282].

Um Aussagen über die aus der Art des Zieles resultierende Auswirkung eines Risikos machen zu können, müßte man das Ziel kennen, das der Investor anstrebt. Für eine bestimmte Zielhypothese kann Moxter zeigen, welche nichtproportionale Änderung des Zielrealisierungsgrades eine infinitesimale Änderung des Risikos induzieren kann[283].

---

*Moxter:* Präferenzstruktur und Aktivitätsfunktion des Unternehmers, a.a.O., S. 26) als die Risikoneigung mitbestimmend angesehen wird, ist, da dieser Vorteil nichtfinanzieller Art ist, nicht Determinante der Risikoneigung des zu beratenden Investors; denn dieser strebt keine nichtfinanziellen Vorteile an. Vgl. auch Fußn. 120 S. 58.

[280] Vgl. dazu *Cooper*, W. W.: The Theory of the Firm. Some Suggestions for Revision, in: AER Vol. 39 (1949), S. 1204—1222, hier S. 1205; *Albach:* Wirtschaftlichkeitsrechnung bei unsicheren Erwartungen, a.a.O., S. 125; *Wittmann:* Unternehmung und unvollkommene Information, a.a.O., S. 157 f.

[281] Vgl. insbes. die umfangreiche Diskussion über den Einfluß der Besteuerung auf die Risikoneigung der Investoren, vgl. *Schneider:* Der Einfluß der Steuern auf die unternehmerischen Investitionsentscheidungen, a.a.O.; *Huth:* Der Einfluß der Gewinnbesteuerung auf Investitionsneigung und Risikobereitschaft des Unternehmers, a.a.O., und die dort angegebene Literatur.

[282] Vgl. *Moxter*, Adolf: Der Einfluß von Publizitätsvorschriften auf das unternehmerische Verhalten, Köln und Opladen 1962, S. 111.

[283] Vgl. *Moxter:* Präferenzstruktur und Aktivitätsfunktion des Unternehmers, a.a.O., S. 23—26.

*Die Person und die Umwelt des Investors als Determinante seiner Risikoneigung:* Im folgenden sind die Determinanten zu skizzieren, die den Investor bewegen, eine bestimmte Risikoauswirkung zu wagen bzw. ihr aus dem Wege zu gehen.

Diese Determinanten sind in der Person des Investors selbst begründet und auch in seiner Umwelt. Die allein in der Person des Investors begründeten Faktoren sind einesteils rein psychische und andernteils physische, d. h. physische Eigenschaften der Person, die eine bestimmte psychische Rückwirkung, also Risikoneigung, zur Folge haben.

Neben den in der Person liegenden Faktoren ist es die Umwelt des Investors, die bestimmte psychische Rückwirkungen hat. So kann z. B. die Beziehung zu anderen Personen den Investor veranlassen, sich in bestimmter Weise einem Risiko gegenüber zu verhalten[284]. Aber auch die tote Umwelt löst bestimmte psychische Reaktionen bei Investoren aus; so kann etwa Föhneinfluß das Risikoverhalten von Investoren verändern. Es ist hier nicht der Ort, die Determinanten der Risikoneigung vertieft zu behandeln, der Überblick mag genügen.

Problem ist es, ein Entscheidungskriterium zu finden, das nicht implizit eine bestimmte Risikoeinstellung postuliert, sondern eine der tatsächlichen Risikoneigung des Investors entsprechend optimale Alternative zu bestimmen erlaubt.

Von den behandelten Entscheidungsregeln genügt allein die Konzeption des Sicherheitsäquivalents dieser Forderung. Je nach der Risikoneigung des Investors fällt nämlich das aus einer Verteilung abgeleitete Sicherheitsäquivalent verschieden hoch aus; ein risikoscheuer Investor würde aus einer bestimmten Verteilung ein niedrigeres, ein risikofreudiger Investor ein höheres und ein risikoindifferenter Investor ein Sicherheitsäquivalent ableiten, das ihrem Erwartungswert gleich ist.

Wenn nun auch die Konzeption des Sicherheitsäquivalents unter dem Aspekt der Behandlung der Risikoneigung befriedigt, so ist sie dennoch als Lösung der präskriptiven Theorie unbrauchbar, weil sie unter dem des Mehrwertigkeitsaspekts unbefriedigend ist; sie basiert — wie gezeigt — auf einem Zirkel[285].

---

[284] Vgl. etwa *Arnold:* Risikentransformation. Finanzierungsinstrumente und Finanzierungsinstitute als Institutionen zur Transformation von Unsicherheitsstrukturen, a.a.O., S. 72 ff.

[285] Andere Konzeptionen, die unter dem Aspekt der Behandlung der Risikoneigung, aber nicht dem der Mehrwertigkeit befriedigen, sind die von Hurwicz, Shackle, Hodges-Lehmann.

Die Konzeptionen des Maximum Minimorum und des Maximum Maximorum, die in der Literatur zwar nicht als generelle, oft aber doch als spezielle Lösungen des Entscheidungsproblems akzeptiert werden[286], die Konzeption des Maximum Minimorum nämlich als Lösung für einen extrem risikoscheuen, die Konzeption des Maximum Maximorum als Lösung für einen extrem risikofreudigen Investor, sind ebenfalls unter dem Mehrwertigkeitsaspekt unbefriedigend und deshalb auch als spezielle Lösungen der präskriptiven Theorie unbrauchbar.

## C. Die Lösung des Modells

Es muß aber nicht gefolgert werden, daß die Entwicklung eines Entscheidungskriteriums, das sowohl unter dem Mehrwertigkeitsaspekt befriedigt als auch die Bedeutung der Risikoneigung für die Entscheidung richtig sieht, überhaupt unmöglich ist, wie es offenbar Tintner[287] tut, wenn er ein „risk preference functional" als Lösung des Modells vorschlägt und es verstanden wissen will als „fixed by the total shape of the probability distribution of profit, over its whole range", und es schreibt

$$\Phi = \Phi\,[P\,(E)]$$

$E$, bei Tintner $V$, = the total anticipated ... profit
$P$, bei Tintner $Q$, = the probability distribution of the anticipated ... profit

Die Lösung Tintners hat nicht mehr den Charakter eines Entscheidungskriteriums, sondern höchstens explikativen Wert: Sie erklärt die Entscheidung als abhängig von den Präferenzen (= Risikoneigung) des Investors einerseits und der Entnahmeverteilung der Alternativen andererseits.

Als Lösung des Modells wird aber ein Entscheidungskriterium verstanden, das außer, daß es bezüglich seiner Behandlung der Mehrwertigkeit und der Risikoneigung befriedigt, noch operabel ist; das ist die Lösung von Tintner nicht.

Oben wurde gezeigt, daß unter dem Aspekt der Mehrwertigkeit von den aus der Literatur bekannten Lösungsversuchen allein die Konzeption des Erwartungswertes akzeptabel ist.

Vom Standpunkt der Risikoneigung aus war jedoch Kritik an ihr zu üben: Sie impliziert eine Norm über die Risikoeinstellung des In-

---

[286] Vgl. etwa *Modigliani:* Diskussionsbeitrag zu „Liquidity and Uncertainty", a.a.O.,

[287] s. die in Fußn. 16 S. 15 angegebenen Arbeiten von Tintner; Zitat: *Tintner:* A Contribution to the Nonstatic Theory of Production, a.a.O., S. 100.

vestors und provoziert somit eine möglicherweise falsche Entscheidung. Unter diesem Aspekt ist der Erwartungswert als Entscheidungskriterium daher abzulehnen, vielmehr ein solches zu fordern, das eine der tatsächlichen Risikoneigung des Investors entsprechend optimale Alternative zu bestimmen gestattet.

Es ist nun an der Zeit, die Synthese der aus der Kritik der in der Literatur vorgeschlagenen Entscheidungskriterien gewonnenen Einsichten zu vollziehen. Sie liegt in folgender Konsequenz: Unter dem Mehrwertigkeitsaspekt ist die Konzeption des Erwartungswertes befriedigend, hinsichtlich des Aspekts der Risikoneigung jedoch nicht, da sie implizit das Risikoverhalten normiert.

Unter letzterem Aspekt wurde der Erwartungswert in zwei Komponenten zerlegt, in

(1) die lineare Funktion $z\,(p)$; $e =$ konst.

(2) die ebenfalls lineare Funktion $z\,(e)$; $p =$ konst.

Funktion (1) ist als Ausdruck rationalen Verhaltens erkannt; allein Funktion (2) impliziert das Postulat risikoindifferenten Verhaltens.

Um nun ein befriedigendes Kriterium, befriedigend sowohl vom Standpunkt der Mehrwertigkeit als auch dem der Risikoneigung, zu erhalten, muß die Norm in Funktion (2) neutralisiert werden.

Dies kann dadurch geschehen, daß die Funktion um $q$ erweitert wird; $q$ bringt die Risikoneigung des Investors zum Ausdruck, zeigt also seine Bereitschaft, das Risiko zu übernehmen, nur $e$ entnehmen zu können[288].

Das Entscheidungskriterium sieht dann wie folgt aus:

$$k = \sum_j (e_j q_j)\,p_j$$

$$j = 1, 2, \ldots$$

Mit $q$ werden also die aus der Investition möglichen Entnahmen relativiert; der Ausdruck in der Klammer des Entscheidungskriteriums umschreibt somit nichts anderes als Nutzengrößen[289].

Deshalb kann das Entscheidungskriterium auch geschrieben werden

$$k = \sum_j u\,(e_j)\,p_j$$

$$j = 1, 2, \ldots$$

---

[288] Gleiches hatte offenbar auch Fisher mit dem „coefficient of caution" beabsichtigt, siehe *Fisher*, Irving: The Nature of Capital and Income (New York und London 1906), Reprint New York 1965, Kap. 16 (insbes. S. 275 ff.) und Anhang zu diesem Kapitel; siehe auch *Myrdal*, Gunnar: Monetary Equilibrium, Glasgow 1939, S. 59.

[289] Vgl. *Bühlmann*, H[ans]: Die Risikoversion als Interpretation und Konstruktionsbasis der Utilitätskurve, in: Metrika Vol. 9 (1965), S. 38—46

Es ist als Bernoulli-Kriterium in der Literatur bekannt[290, 291, 292, 293].

Das Bernoulli-Kriterium ist die generelle Lösung des Modells; der Erwartungswert ist eine spezielle Lösung. Der Erwartungswert ist das Entscheidungskriterium eines risikoindifferenten Investors; das Bernoulli-Kriterium ist für jeden Investor geeignet.

Die präskriptive Theorie steht damit aber vor dem gleichen Problem wie die explikative Theorie: Die explikative Theorie ist ohne Erkenntniswert, weil der Verlauf der Nutzenkurve nicht bekannt ist.

In der präskriptiven Theorie sind die Gewichte q nicht bekannt. Sie scheint deshalb ohne praktische Bedeutung zu sein, weil nach dem Bernoulli-Kriterium nicht gleichsam mechanisch entschieden werden kann.

Wichtig sind daher Versuche, den Nutzen einer Entnahme für eine bestimmte Person zu einem bestimmten Zeitpunkt zu messen[294]; es genügt hier, den auf v. Neumann-Morgenstern zurückgehenden Versuch[295] zu skizzieren:

---

[290] *Bernoulli:* Versuch einer neuen Theorie der Wertbestimmung von Glücksfällen, a.a.O., vgl. auch *v. Neumann-Morgenstern:* Theory of Games and Economic Behavior, a.a.O., S. 26—29 und Appendix S. 617—628; *Marschak,* J[acob]: Why „Should" Statiscians and Businessmen Maximize „Moral Expectation"? in: Jerzy Neyman (ed.): Proceedings of the Second Berkeley Symposium on Mathematical Statistics and Probability, Berkeley and Los Angeles 1951, S. 493—506; *Marschak,* Jacob: Probability in the Social Sciences, in: Paul F. Lazarsfeld (ed.): Mathematical Thinking in the Social Sciences, 2. ed., Glencoe (Ill.) (1955), S. 166—215.

[291] Die von *Krelle:* Optimale Entscheidungen bei Unsicherheit, a.a.O., S. 521, vorgetragene Lösung entspricht dem Bernoulli-Kriterium.

[292] Axiomatische Begründungen des Bernoulli-Kriteriums finden sich bei *v. Neumann-Morgenstern:* Theory of Games and Economic Behavior a.a.O., *Marschak:* Why „Should" Statiscians and Businessmen Maximize „Moral Expectation"?, a.a.O.; *Marschak,* Jacob: Rational Behavior, Uncertain Prospects, and Measurable Utility, in: Econometrica Vol. 18 (1950), S. 111 bis 141; *Herstein,* I. N. und John *Milnor:* An Axiomatic Approach to Measurable Utility, in: Econometrica Vol. 21 (1953), S. 291—297; *Friedman,* Milton und L[eonard] J. *Savage:* The Expected-Utility Hypothesis and the Measurability of Utility, in: JoPE Vol. 60 (1952), S. 463—474.

[293] Zur Anwendung des Bernoulli-Kriteriums in praktischen Fällen vgl. etwa *Grayson* Jr.: Decisions under Uncertainty, a.a.O., S. 279—319; *Davidson, Suppes, Siegel:* Decision Making. An Experimental Approach, a.a.O., etwa S. 346.

[294] Vgl. *Pfanzagl,* J[ohann]: Die axiomatischen Grundlagen einer allgemeinen Theorie des Messens, 2. Aufl., Würzburg 1962; *Schneeweiß,* Hans: Nutzenaxiomatik und Theorie des Messens, in: Statistische Hefte 4. Jg. (1963), S, 178—220; *Gäfgen:* Theorie der wirtschaftlichen Entscheidung, a.a.O.

[295] *v. Neumann-Morgenstern:* Theory of Games and Economic Behavior, a.a.O.; eine Einführung in die Nutzenmessung nach v. Neumann-Morgenstern findet sich bei *Marschak,* Jacob: Nutzenmessung und Wahrscheinlichkeit, in: Martin Shubik (Hrsg.): Spieltheorie und Sozialwissenschaften, übers. von Elisabeth und Reinhard Selten, ohne Ort und Jahr, S. 103—118, einen Überblick über die Möglichkeiten, nach v. Neumann-Morgenstern den Nutzen zu messen, gibt *Schneeweiß:* Entscheidungskriterien bei Risiko, a.a.O., S. 67 ff.

· Für zwei Entnahmen müssen dazu allerdings willkürliche Nutzen-
werte angenommen werden, bspw. für die niedrigste aller möglichen
Entnahmen der $i$ Alternativen *($e_{min}$)* der Nutzen 0 und die höchste
*($e_{max}$)* der Nutzen 1; für die Nutzen aller anderen möglichen Entnahmen
gilt dann $0 < u(e_{ij}) < 1$.

Es gibt nun ein $0 < p < 1$ für das

$$u(e_{min})(1 - p) + u(e_{max})p = u(e)$$

$$0.(1 - p) + 1.p = u(e)$$

Das ist zunächst eine rein formale Beziehung; sie besagt, daß $u(e)$
ein gewogenes arithmetisches Mittel ist, was wegen $0 < u(e) < 1$ selbst-
verständlich ist.

Die Beziehung läßt sich aber wie folgt interpretieren: Es muß dem
Investor gleichgültig sein, da nur das Bernoulli-Kriterium rational ist,
ob er an einem Glückspiel teilnimmt, das ihm mit der Wahrscheinlichkeit $p$ die maximal mögliche, mit der Gegenwahrscheinlichkeit $1 - p$
die minimal mögliche Entnahme bringt, oder ob er daran nicht teilnimmt und $e$ sicher hat.

$u(e)$ ist nun eine unbekannte Nutzenfunktion, die es mit der angegebenen Indifferenzbeziehung zu messen gilt.

Dies kann derart geschehen, daß dem Investor die Wahl zwischen
einer sicheren Entnahme und einem Los eingeräumt wird; letzteres
enthält die Chance, $e_{max}$ mit der Wahrscheinlichkeit $p$ und $e_{min}$ mit der
Wahrscheinlichkeit $1 - p$ zu gewinnen.

Um den Nutzen von $e$ zu finden, muß dann bei gegebenem $e$ die
Wahrscheinlichkeit so lange variiert werden, bis der Investor indifferent
ist zwischen dem sicheren Betrag $e$ und dem Los. Indifferenz sagt, daß
der Erwartungswert des Glückspiels gleich dem Wert der Nutzenfunktion an der Stelle $e$ ist.

Wird dem Investor also etwa ein Betrag von 1 sicher oder ein Los
zu ziehen angeboten, das mit einer Wahrscheinlichkeit $p$ den Betrag 2
und mit der Wahrscheinlichkeit $1 - p$ den Betrag von 0 verspricht
und hält der Investor bei einer Wahrscheinlichkeit von 0,6 für den
Betrag von 2 das Los dem sicheren $e$ für äquivalent, dann hat dieses
einen Nutzen von:

$$u(e) = 0.(1 - 0,6) + 1.0,6$$

$$u(e) = 0,6$$

Mit der skizzierten Methode scheint es also möglich, für jede mögliche
Entnahme einer Alternative den entsprechenden Nutzen und damit die
dem Bernoulli-Kriterium nach beste Alternative zu ermitteln.

Der Nutzennullpunkt und die Gradeinteilung des Nutzens sind zwar willkürlich dadurch gewählt, daß der Nutzen 0 dem schlechtesten und der Nutzen 1 dem besten aller möglichen Werte zugeordnet wurde, die Gradeinteilung ist damit aber nicht willkürlicher als die einer Temperaturskala. Es könnte bspw. auch für den Nutzen der niedrigsten aller möglichen Entnahmen — 10 und für den Nutzen der höchsten + 100 gesetzt werden. Dann müßte lediglich, zur Überführung der alten in die neue Nutzenskala, eine lineare Transformation durchgeführt, d. h. mit einer Konstanten (110) multipliziert und eine Konstante (— 10) addiert werden, ebenso wie bei einer Umrechnung von Fahrenheit in Celsius.

$$u\,(0)\,(1 - p) + u\,(1)\,p = u\,(e) = p$$

$$u\,(- 10)\,(1 - p) + u\,(100)\,p = 10\,(1 - p) + 100.p = 110p - 10$$

Die Bedeutung der skizzierten Methode der Nutzenmessung für die präskriptive Theorie hängt jedoch davon ab, wieweit man gegen sie, da auch ihr Ausgangspunkt die Angabe von Indifferenzbeziehungen ist, die gleichen Bedenken geltend macht, die zur Ablehnung der Konzeption des Sicherheitsäquivalents führten[296].

Werden diese Bedenken nicht geteilt, so ist in der Tat die Messung des Nutzens möglich; andernfalls sind die aus einer Investition möglichen Entnahmen introspektiv (nutzen-)zubewerten.

Auf jeden Fall aber ist diejenige der möglichen Alternativen zu realisieren, deren Summe der mit ihren Wahrscheinlichkeiten gewogenen nutzenbewerteten Entnahmen die größte ist.

---

[296] s. S. 104 ff.

# Schluß

Eine Systematisierung der aus der Literatur bekannten Unsicherheitstheorien ist nach methodologischen Gesichtspunkten möglich. Es gibt deskriptive[297], explikative[298], präskriptive[299] und normative[300] Theorien.

Die deskriptive Theorie wurde nicht behandelt; das Wesen der normativen Theorie wurde erkannt, sie war jedoch nicht Ziel der Untersuchung[301]. Behandelt wurden die explikative und präskriptive Theorie; die explikative Theorie interessierte dabei primär als Erleichterung der präskriptiven Theorie.

Die vorgetragene präskriptive Theorie ist gekennzeichnet durch das beim Investor vermutete Wissen um betriebliche Zusammenhänge und die ihm unterstellte Denk- und Rechenfähigkeit[302]. Daß dies jedoch unzumutbare Anforderungen sind, und sie überdies auch technisch gar nicht zu bewältigen sind, darauf wurde in der Literatur wiederholt hingewiesen[303].

In diesem Sinne ist die vorgetragene Theorie also sicher nicht operabel; die Lösung scheint darüber hinaus unbefriedigend, weil jedes Risikoverhalten, auch pathologisch risikofreudiges wie risikoscheues Verhalten ausdrücklich zulässig ist[304].

---

[297] Sie beschreiben, wie die Individuen entscheiden.

[298] Sie erklären, warum die Individuen so entscheiden.

[299] Sie sagen, wie die Individuen zu entscheiden haben, wenn sie ein bestimmtes Ziel anstreben.

[300] Sie sagen, welches Ziel die Individuen anzustreben haben (und wie sie zu entscheiden haben, um es zu realisieren).

[301] s. S. 121.

[302] Vgl. etwa *Moxter*: Offene Probleme der Investitions- und Finanzierungstheorie, a.a.O., insbes. S. 9/10; *Koch*: Betriebliche Planung, a.a.O., S. 35—37, insbes. S. 36; *Krelle*: Unsicherheit und Risiko in der Preisbildung, a.a.O., S. 423.

[303] Vgl. insbes. die in Fußn. 145 S. 67 genannten Arbeiten von Simon; siehe auch *Sauermann*, Heinz und Reinhard *Selten*: Anspruchsanpassungstheorie der Unternehmung, in: Zfdges.Staatsw. 118. Bd. (1962), S. 577—597, hier S. 578.

[304] Es ist nicht abzusehen, wie die Forschung verlaufen wird; u. U. ist aber, wohl wissend, daß damit ein Werturteil abgegeben wird, zu versuchen, den Bereich zulässigen Risikoverhaltens einzuengen; vgl. auch *Stützel*, Wolfgang: Entscheidungstheoretische Elementarkategorien als Grundlage einer Begegnung von Wirtschaftswissenschaft und Rechtswissenschaft, in: Das Verhältnis der Wirtschaftswissenschaft zur Rechtswissenschaft, Soziologie und Statistik. Verhandlungen auf der Arbeitstagung des Vereins für Socialpolitik in Würzburg 1963, hrsg. von Ludwig Raiser, Heinz Sauermann, Erich Schneider, Berlin

Die Konsequenz dieser Einsichten kann es nur sein, auf die Entwicklung eines so aufwendigen wie des behandelten Modells zu verzichten, und statt dessen nach Entscheidungskriterien zu suchen, die ein Modell entweder nicht voraussetzen (= Erfahrungsregeln) oder aber aus einfacheren Modellen abgeleitet werden können.

Erfahrungsregeln beruhen auf Erscheinungen, die immer (oder in der Regel) im Zusammenhang mit solchen Maßnahmen auftraten, die zu guten Ergebnissen führten. Wird nach Erfahrungsregeln gehandelt, erfolgen die Investitionen nicht mehr aufgrund (echter) Entscheidungen, sie sind dann vielmehr nur noch Anpassungsprozesse an den durch die Regel bezeichneten Sachverhalt. So sind etwa nach Boulding[305] alle an den Investor herangetragenen Projekte zu realisieren, die die optimale Bilanzstruktur aufrechterhalten bzw. zu ihr hinführen; umgekehrt sind die zu verwerfen, die von ihr wegführen.

Soweit wäre in der Tat die Investitionsentscheidung vereinfacht; unklar ist allerdings, wann die Bilanzstruktur optimal ist. Da die Bestimmung der optimalen Bilanzstruktur ihre Voraussetzung ist, ist das Problem der Bestimmung der optimalen Investitionsentscheidung bei Boulding also nur um eine Stufe verlagert.

Würde jedoch die deduktive Bestimmung der (optimalen) Bilanzstruktur durch eine induktive im genannten Sinne ersetzt, könnte aus diesem Kreis ausgebrochen werden. So könnte der Investor die Wahl bspw. an der bisherigen Bilanzstruktur des Unternehmens orientieren oder an einer, wie sie etwa durch die Finanzierungsregeln beschrieben wird. Insbesondere die Einhaltung der Finanzierungsregeln wird ja in der Literatur[306] mit dem (theoretischen und empirischen) Nachweis zu begründen versucht, daß dann die Stabilität des Unternehmens (= Sicherheit, also keine Illiquidität und keine Überschuldung, und normale Entnahmen) gewährleistet sei, und daß dies ja der Zweck jeder unternehmerischen Entscheidung sei.

Dagegen und im Gegensatz zum entwickelten Modell beinhaltet ein einfacheres deduktives Modell nur die wesentlichste(n) Beziehung(en) eines komplexen Sachverhalts, die payoff-Methode etwa, daß die Sicherheit der Erwartung einer Determinante c. p. um so geringer ist, je weiter sie in der Zukunft liegt. Daraus folgert die payoff-Methode dann, daß die (wahrscheinlichsten) Nettoeinzahlungen einer Alternative, bis zu einem

---

1964, S. 27—50, hier S. 40 ff., der die Möglichkeit erörtert, extrem risikofreudiges Verhalten durch Gesetz zu verbieten.

[305] *Boulding*, Kenneth E.: A Reconstruction of Economics, New York 1950, S. 26 f.

[306] Vgl. etwa *Albach*: Zur Finanzierung von Kapitalgesellschaften durch ihre Gesellschafter, a.a.O., und dort angegebene Literatur: vgl. auch *Heinen*: Das Zielsystem der Unternehmung, a.a.O., S. 186 Fußn. 100.

bestimmten Zeitpunkt kumuliert, mindestens die Höhe ihrer Anschaf-
fungsausgaben erreicht haben muß, weil über diesen Zeitpunkt hinaus
die Sicherheit (= Wahrscheinlichkeit) der aus der Alternative erwarteten
Zahlungen zu gering ist.

Die Entscheidung an einer Erfahrungsregel zu orientieren, ist nun
grundsätzlich mangelhaft, weil dies im Vertrauen darauf geschieht,
daß mit ihr die gleichen Erfahrungen gemacht werden wie mit vergangenen Entscheidungen. Da sich die unternehmerische Entscheidung
aber in die Zukunft richtet, sollte auch nur diese zählen und nicht die
Vergangenheit; kann doch die Zukunft das nur auf vergangene Erfahrungen sich gründende Vertrauen enttäuschen[307]. Aus diesem Grunde
sollte vor der Entscheidung die künftige Situation analysiert werden,
in die sie zielt.

Induktive Modelle sind also von vornherein bedenklich; Problem ist
somit nur noch, wie intensiv die Situation zu prüfen ist, mit anderen
Worten wie isomorph das deduktive Modell zu sein hat.

Inwieweit einfachere Modelle als das vorgetragene ausreichend sind,
kann wiederum aber nur aus der speziellen Entscheidungssituation
heraus beurteilt werden; je nachdem nämlich kann man zu der Auffassung gelangen, daß die Berücksichtigung dieser oder jener Determinante nicht notwendig, also ein einfacheres .Modell ausreichend
ist[308].

Zunächst aber — um beurteilen zu können, welche Determinanten
im speziellen Fall nicht relevant sind — muß man wissen, welche
überhaupt relevant sein können — und das herauszufinden, war die
Aufgabe der Untersuchung: Das vorgetragene Modell war deren
Ergebnis.

Die Ergebnisse dieser Arbeit können damit wie folgt zusammengefaßt
werden:

(1) In einem Unternehmen, das vor $t_0$ noch nicht und nach $t_1$ nicht
mehr existiert, ist diejenige der möglichen Investitionen zu realisieren,
die die größte Entnahme ermöglicht. In einem Unternehmen, das schon
vor $t_0$, aber nicht mehr nach $t_1$ besteht, ist die Investition zu realisieren,
die den insbesondere aus den vorangegangenen Entscheidungen resultierenden Beschränkungen genügt und deren Entnahme die größte ist.
In einem mehrperiodigen Unternehmen ist diejenige der möglichen
Investitionsfolgen optimal, die den jeweils auftretenden Beschränkungen

---

[307] Überdies wird mit dem Postulat, den Erfahrungsregeln zu genügen, die
Risikoneigung der Investoren normiert, vgl. etwa *Albach:* Zur Finanzierung
von Kapitalgesellschaften durch ihre Gesellschafter, a.a.O.
[308] Vgl. etwa die Vereinfachungsvorschläge bei *Gäfgen:* Theorie der wirtschaftlichen Entscheidung, a.a.O., Kap. 9.

genügt und der vom Investor gewünschten zeitlichen Entnahmestruktur am besten entspricht.

(2) Bei Unsicherheit ist, weil unbekannt ist, welche Maßnahmen die Umwelt treffen wird, die Erwartung der Beschränkungen und der von den Investitionen induzierten Zahlungen mehrwertig; die Sicherheit der Erwartungen kann mittels (subjektiver) Wahrscheinlichkeiten gemessen werden. Bei Unsicherheit kennt der Investor überdies nicht alle im Entscheidungszeitpunkt wie später möglichen Investitionsalternativen.

(3) Die aus der Entscheidung erwartete Entnahme kann höher und sicherer werden, wenn der Investor nach weiteren Alternativen sucht und sich über Maßnahmen informiert, die die Umwelt treffen wird. Die Entscheidung über die weitere Information ist selbst wieder eine Entscheidung bei Unsicherheit.

(4) Zur Bestimmung der bezüglich (unsicherer) Beschränkungen optimalen Kombination möglicher Investitionsobjekte sind vom operations research Algorithmen vorgeschlagen.

Wird auf Methoden des operations research verzichtet, ist für jede mögliche Objektkombination die Entnahmeverteilung festzustellen und an dieser die Entscheidung zu orientieren.

(5) Diejenigen der möglichen Alternativen, die zu den anderen inferior sind, sind zunächst auszuschalten. Zur Bestimmung der optimalen Alternative ist auf die verbleibenden Alternativen eine Entscheidungsregel anzuwenden.

(6) Das Entscheidungskriterium ist aus der Entnahmeverteilung der Alternativen abzuleiten, und zwar derart, daß alle Werte der Verteilung in ihm komprimiert werden; das Kriterium darf die Risikoneigung des Investors nicht normieren.

# Literaturverzeichnis

*Agthe*, Klaus: Das Problem der unsicheren Erwartungen bei unternehmerischen Planungen und Entscheidungen, in: Unternehmensplanung, hrsg. von Klaus Agthe und Erich Schnaufer, Baden-Baden (1963), S. 83—120.

*Adam*, Dietrich: Das Interdependenzproblem in der Investitionsrechnung und die Möglichkeiten einer Zurechnung von Erträgen auf einzelne Investitionsobjekte, in: Der Betrieb 19. Jg. (1966), S. 989—993.

*Akerman*, Johan: Die Zeitsymmetrie der Erfahrungen und Erwartungen, in: Archiv für mathematische Wirtschafts- und Sozialforschung Bd. 8 (1942), S. 20—24.

*Albach*, Horst: Wirtschaftlichkeitsrechnung bei unsicheren Erwartungen, Köln und Opladen 1959.

— Unternehmung und unvollkommene Information. Zu dem gleichnamigen Werk von W. Wittmann, in: ZfB 29. Jg. (1959), S. 571—574.

— Rentabilität und Sicherheit als Kriterien betrieblicher Investitionsentscheidungen, in: ZfB 30. Jg. (1960), S. 583—599 und 673—682.

— Entscheidungsprozeß und Informationsfluß in der Unternehmensorganisation, in: Organisation, hrsg. von Klaus Agthe und Erich Schnaufer, Berlin—Baden-Baden (1961), S. 355—402.

— Zur Verbindung der Payoff-Methode mit der Kapitalwertmethode in der Investitionsrechnung. Schlußwort zu einer Stellungnahme von Peter Swoboda zu dem Aufsatz „Rentabilität und Sicherheit als Kriterien betrieblicher Investitionsentscheidungen", in: ZfB 31. Jg. (1961), S. 297—300.

— Die Prognose im Rahmen der unternehmerischen Entscheidungen, in: Diagnose und Prognose als wirtschaftswissenschaftliche Methodenprobleme, Bd. 25 der N. F. der Schriften des Vereins für Socialpolitik, hrsg. von Herbert Giersch und Knut Borchardt, Berlin 1962, S. 201—214.

— Zur Finanzierung von Kapitalgesellschaften durch ihre Gesellschafter, in: ZfdgStaatsw. 118. Bd. (1962), S. 651—687.

— Wirtschaftlichkeitsrechnung, in: HdSW 12. Bd., hrsg. von Erwin von Beckerath u. a., Stuttgart—Tübingen—Göttingen 1965, S. 73—80.

— Das optimale Investitionsbudget bei Unsicherheit, in: ZfB 37. Jg. (1967), S. 503—518.

*Albert*, Hans: Probleme der Theoriebildung, in: Theorie und Realität. Ausgewählte Aufsätze zur Wissenschaftslehre der Sozialwissenschaften, hrsg. von Hans Albert, Tübingen 1964, S. 3—70.

*Alchian*, Armen A.: Uncertainty, Evolution, and Economic Theory, in: JoPE Vol. 58 (1950), S. 211—221.

*d'Alembert*: Opuscules mathématiques, Bd. 4, 1768; zitiert nach: Keynes, John Maynard: Über Wahrscheinlichkeit, übers. von F[riedrich] M. Urban, Leipzig 1926, S. 261 und 263.

*Allais*, M[aurice]: Le Comportement de l'Homme Rationnel devant le Risque: Critique des Postulats et Axiomes de l'Ecole Americaine, in: Econometrica Vol. 21 (1953), S. 503—546.

*Angell*, James W.: Uncertainty, Likelihoods and Investment Decisions, in: QJoE Vol. 74 (1960), S. 1—28.

Arbeitskreis Hax der Schmalenbach-Gesellschaft: Wesen und Arten unternehmerischer Entscheidungen, in: ZfbF Jg. 16 (1964), S. 685—715.

*Arnold*, Hans: Risikentransformation. Finanzierungsinstrumente und Finanzierungsinstitute als Institutionen zur Transformation von Unsicherheitsstrukturen, Diss. Saarbrücken 1964.

*Arrow*, Kenneth J.: Alternative Approaches to the Theory of Choice in Risk-Taking Situations in: Econometrica Vol. 19 (1951), S. 404—437.

*Baumol*, William J. (und Ralph *Turvey*): Economic Dynamics. An Introduction, 2. Aufl., New York—London—Tokio (1959).

*Bayes*, Thomas: An Essay towards Solving a Problem in the Doctrine of Chances, in: Philosophical Transactions of the Royal Society, Vol. 53 (1763), S. 370—418; wiederabgedruckt in Biometrika Vol. 45 (1958), S. 296 bis 315.

*Bergmann*, Horst: Das ökonomische Risiko und sein Einfluß auf die Investitionsentscheidungen des Unternehmers, Diss. FU Berlin 1951.

*Bernoulli*, Daniel: Specimen Theoriae novae de Mensura Sortis, in: Commentarii academiae scientiarium imperialis Petropolitanae, Tomus 5 (1738), S. 175—192; deutsch: ...: Versuch einer neuen Theorie der Wertbestimmung von Glücksfällen, übers. von Alfred Pringsheim, Leipzig 1896.

Blackwell, David und M. A. *Girshik:* Theory of Games and Statistical Decisions, New York—London—Sydney (1954).

*Böhm*, Hans-Hermann: Der technisch-wirtschaftliche Fortschritt in der Wirtschaftlichkeitsrechnung für Rationalisierungsinvestitionen, in: Deutsche Gesellschaft für Betriebswirtschaft (Hrsg.): Wirtschaftlich führen — Wirtschaftlich investieren. Vorträge des 13. Deutschen Betriebswirtschafter-Tages, Berlin 1960, S. 141—158.

*Böhm-Bawerk*, Eugen v.: Capital und Capitalzins, 2. Abteilung: Positive Theorie des Capitales, 2. Aufl., Innsbruck 1902.

*Bössmann*, Eva: Probleme einer dynamischen Theorie der Konsumfunktion, Berlin (1957).

— Buchbesprechung zu Horst Albach: Wirtschaftlichkeitsrechnung bei unsicheren Erwartungen, in: Finanzarchiv, N. F., Bd. 20 (1959/60), S. 337 und S. 338.

— Die ökonomische Analyse von Kommunikationsbeziehungen in Organisationen, Berlin—Heidelberg—New York 1967.

*Bott*, Dietrich: Allgemeine und historische Betrachtungen zum Entscheidungsbegriff, in: Statistische Hefte 3. Jg. (1962), S. 1—38.

*Boulding*, Kenneth E.: A Reconstruction of Economics, New York 1950.

*Brandt*, Horst: Investitionspolitik des Industriebetriebs, Wiesbaden (1959).

*Brandt*, Karl: Preistheorie, Ludwigshafen am Rhein (1960).

*Brozen*, Yale: Diskussionsbeitrag zu Markowitz: Theories of Uncertainty and Financial Behavior (abstr.), in: Econometrica Vol. 19 (1951), S. 326 und 327.

*Bühlmann*, H[ans]: Die Risikoaversion als Interpretation und Konstruktionsbasis der Utilitätskurve, in: Metrika Vol. 9 (1965), S. 38—46.

*Bühlmann,* H[ans], H[ans] *Loeffel,* E[rwin] *Nievergelt:* Einführung in die Theorie und Praxis der Entscheidung bei Unsicherheit, Berlin—Heidelberg—New York 1967.

*Busse von Colbe,* Walther: Die Planung der Betriebsgröße, Wiesbaden (1964).

*Carnap,* Rudolf: Logical Foundations of Probability, Chicago 1950.

*Carnap,* Rudolf (und Wolfgang *Stegmüller): Induktive Logik und Wahrscheinlichkeit, Wien 1959.

*Carter,* C[harles] F.: Expectation in Economics, in: EJ Vol. 60 (1950), S. 92—105.

— A Revised Theory of Expectations, in: EJ Vol. 63 (1953), S. 811—820.

— G. P[atrick] *Meredith,* G[eorge] L[ennox] S[harman] *Shackle* (Hrsg.): Uncertainty and Business Decisions. The Logic, Philosophy and Psychology of Business Decision-Making under Uncertainty, 2. Aufl., Liverpool (1957).

*Chapman,* S. J.: The Utility of Income and Progressive Taxation, in: EJ Vol. 23 (1913) S. 25—35.

*Charnes,* A. und W. W. *Cooper:* Chance-Constrained Programming, in: MS Vol. 6 (1959), S. 73—79.

— Deterministic Equivalents for Optimizing and Satisficing under Chance Constraints, in: OR Vol. 11 (1963), S. 18—39.

*Charnes,* A., W. W. *Cooper,* G. A. *Symonds:* Cost Horizons and Certainty Equivalents: An Approach to Stochastic Programming of Heating Oil, in: MS Vol. 4 (1958), S. 235—263.

*Chernoff,* Herman: Rational Selection of Decision Functions, in: Econometrica Vol. 22 (1954), S. 422—443.

*Chernoff,* Herman, Lincoln E. *Moses:* Elementary Decision Theory, New York—London (1959).

*Churchman,* C. West: Ungewißheit, Wahrscheinlichkeit und Risiko, übers. von H.-J. Krüger, unkorr. Manuskript der Funkuniversität RIAS Berlin.

*Cohen,* John und Mark *Hansel:* Risk and Gambling. The Study of Subjective Probability, London—New York—Toronto (1956); deutsch: ...: Glück und Risiko, Die Lehre von der subjektiven Wahrscheinlichkeit, übers. von H. Hollmann, Frankfurt/Main (1961).

*Coombs,* C[lyde] H. und David [C.] *Beardslee:* On Decision-Making under Uncertainty, in: Thrall, R[obert] M., C[lyde] H. Coombs, R[obert] L. Davis (eds.): Decision Process, London (1954), S. 255—285.

*Cooper,* W. W.: The Theory of the Firm. Some Suggestions for Revisions, in: AER Vol. 39 (1949), S. 1204—1222.

*Dantzig,* George B.: Linear Programming under Uncertainty, in: MS Vol. 1 (1955), S. 197—206.

— Linear Programming and Extensions, Princeton, N. J., 1963; deutsch: ... Lineare Programmierung und Erweiterungen, übers. von Arno Jäger, Berlin—Heidelberg—New York 1966.

*Davidson,* Donald, Patrick *Suppes,* Sidney *Siegel:* Decision Making. An Experimental Approach, Stanford (Cal.) 1957.

*Dolbear,* Jr., F. Trenery: Individual Choice under Uncertainty: An Experimental Study, in: Yale Economic Essays Vol. 3 (1963), S. 419—470.

*Domar,* Evsey D., Richard A. *Musgrave:* Proportional Income Taxation and Risk-Taking, in: QJoE Vol. 58 (1944), S. 389—422.

136                         Literaturverzeichnis

*Duncan*, David C.: The Concept of Potential Surprise: Can it Serve better than Probability as a Means of Analysing Uncertainty?, in: Metroeconomica Vol. 11 (1959), S. 21—36.

*Edwards*, Ward: The Theory of Decision Making, in: Psychological Bulletin Vol. 51 (1954), S. 380—417, wiederabgedruckt in: Rubenstein, Albert H. und Chadwick J. Haberstroh (eds.): Some Theories of Organization, Homewood (Ill.) 1960, S. 385—430.

*Egerton*, R. A. D.: Investment, Uncertainty and Expectations, in: Rev.Econ.-Stud. Vol. 22 (1954/55), S. 143—150.

— Investment Decisions under Uncertainty, Liverpool 1960.

*Elmaghraby*, Salah E.: Allocation under Uncertainty when the Demand has Continuous d. f., in: MS Vol. 6 (1960), S. 270—294.

*Engels*, Wolfram: Betriebswirtschaftliche Bewertungslehre im Licht der Entscheidungstheorie, Köln und Opladen 1962.

*Eucken*, Walter: Die Grundlagen der Nationalökonomie, 7. Aufl., Berlin—Göttingen—Heidelberg 1959.

*Farrar*, Donald Eugene: The Investment Decision under Uncertainty, Englewood Cliffs, N. J., (1962).

*Fellner*, William: Competition Among the Few, New York 1949.

— Probability and Profit. A Study of Economic Behavior along Bayesian Lines, (5. ed.) Homewood (Ill.) 1965.

*Ferguson*, Allen R. und George B. *Dantzig:* The Allocation of Aircraft to Routes — an Example of Linear Programming under Uncertain Demand, in: MS Vol. 3 (1956), S. 45—73.

*Ferschl*, Franz: Buchbesprechung zu Horst Albach: Wirtschaftlichkeitsrechnung bei unsicheren Erwartungen, in: DÖB 12. Jg. (1962), S. 45—48.

*Finetti*, Bruno de: La prévision: ses lois logiques, ses sources subjectives, in: Annales de l'Institut Henri Poincaré Vol. 7 (1937), wiederabgedruckt und (von Henry E. Kyburg Jr.) übers. unter dem Titel: Foresigth: Its Logical Law, its Subjective Sources, in: Henry E. Kyburg Jr. und Howard E. Smokler (eds.): Studies in Subjective Probability, Ney York—London—Sydney (1964), S. 93—158.

— Recent Suggestions for the Reconciliation of Theories of Probability, in: Jerzy Newman (ed.): Proceedings of the Second Berkeley Symposium on Mathematical Statistics and Probability, Berkeley und Los Angeles 1951, S. 217—225.

*Fishburn*, Peter C.: Decision and Value Theory, New York—London—Sydney (1964).

*Fisher*, Irving: The Nature of Capital and Income, (New York und London 1906) Reprint New York 1965.

— The Theory of Interest. As Determined by Impatience to Spend Income and Opportunity to Invest it, New York 1930.

*Förstner*, Karl: Wahrscheinlichkeitsbetrachtungen in der Theorie der Unternehmung, in: Festschrift zum 70. Geburtstag von Walter G. Waffenschmidt, hrsg. von Karl Brandt, Meisenheim am Glan 1958, S. 159—177.

*Foldes*, Lucien: Uncertainty, Probability and Potential Surprise, in: Economica, N. S., Vol. 25 (1958), S. 246—254.

*Freund*, Rudolf J.: The Introduction of Risk into a Programming Model, in: Econometrica Vol. 24 (1956), S. 253—263.

*Friedman*, Milton: Lange on Price Flexibility and Employment: A Methodological Criticism, in: AER Vol. 36 (1946), S. 613—631.

*Friedman*, Milton und L[eonard] J. *Savage*: The Utility Analysis of Choices Involving Risk, in: JoPE Vol. 56 (1948), S. 279—304.

— The Expected-Utility Hypothesis and the Measurability of Utility, in: JoPE Vol. 60 (1952), S. 463—474.

*Gäfgen*, Gérard: Theorie der wirtschaftlichen Entscheidung, Tübingen 1963, 2. Aufl., Tübingen 1968.

*Garvin*, Walter W.: Introduction to Linear Programming, New York—Toronto—London 1960.

*Gass*, Saul I.: Linear Programming. Methods and Applications, 2. ed., New York—SanFrancisco—Toronto—London (1964).

*Georgescu-Roegen*, Nicholas: Choice, Expectations and Measurability, in: QJoE Vol. 68 (1954) S. 503—534.

— The Nature of Expectation and Uncertainty, in: Bowman, Mary Jean (ed.): Expectation, Uncertainty and Business Behavior, New York 1958, S. 11—29.

*Gmel*, Franz: Die Problematik der Berücksichtigung des technischen Fortschritts in der betrieblichen Investitionsplanung, Diss. Köln 1966.

*Gossen*, Hermann Heinrich: Entwickelung der Gesetze des menschlichen Verkehrs, und der daraus fließenden Regeln für menschliches Handeln, neue Ausgabe, Berlin 1889.

*Grayson*, Jr., C. Jackson: Decisions under Uncertainty. Drilling Decisions by Oil and Gas Operators, Boston 1960.

— The Use of Statistical Techniques in Capital Budgeting, in: Alexander A. Robichek (ed.): Financial Research and Management Decisions, New York—London—Sydney (1967), S. 90—132.

*Gutenberg*, Erich: Zur neueren Entwicklung der Wirtschaftlichkeitsrechnung, in: ZfdgStaatsw. 108. Bd. (1952), S. 630—645.

— Der Stand der wissenschaftlichen Forschung auf dem Gebiet der betrieblichen Investitionsplanung, in: ZfhF, N. F., 6. Jg. (1954), S. 557—574.

— Grundlagen der Betriebswirtschaftslehre, 1. Bd.: Die Produktion, 12. Aufl., Berlin—Heidelberg—New York 1966; 2. Bd.: Der Absatz, 4. Aufl., Berlin—Göttingen—Heidelberg 1962; 6. Aufl., Berlin—Göttingen—Heidelberg 1963.

— Untersuchungen über die Investitionsentscheidungen industrieller Unternehmungen, Köln und Opladen 1959.

— Unternehmensführung. Organisation und Entscheidungen, Wiesbaden (1962).

*Haas*, Christof: Unsicherheit und Risiko in der Preisbildung, Köln—Berlin—Bonn—München 1965.

*Hadley*, G.: Nonlinear and Dynamic Programming, Readings (Mass.)—Palo Alto—London (1964).

*Hart*, Albert Gailord: Risk, Uncertainty, and the Unprofitability of Compounding Probabilities, in: Studies in Mathematical Economics and Econometrics, Gedächtnisband für Henry Schultz, hrsg. von Oscar Lange, Francis McIntyre und Theodore O. Yntema, Chicago 1942, S. 110—118.

— Anticipations, Uncertainty, and Dynamic Planning, (Reprint) New York 1965.

— Assets, Liquidity, and Investment, in: AER Vol. 39 (1949), Papers and Proceedings, S. 171—181.

*Hart*, Albert G[ailord]: Keynes Analysis of Expectations and Uncertainty, in: The New Economics. Keynes Influence on Theory and Public Policy, hrsg. von Seymour E. Harris, New York 1950, S. 415—424.

*Hax*, Herbert: Investitions- und Finanzplanung mit Hilfe der linearen Programmierung, in: ZfbF 16. Jg. (1964), S. 430—446.

— Die Koordination von Entscheidungen, Köln—Berlin—Bonn—München 1965.

*Hax*, Karl: Planung und Organisation als Instrumente der Unternehmensführung, in: ZfhF, N. F., 11. Jg. (1959), S. 605—615.

— Diskussionsbeitrag zu Verfahren und Hilfsmittel für unternehmerische Entscheidungen, Arbeitstagung der Schmalenbach-Gesellschaft in Wiesbaden am 5. Mai 1961, in: ZfhF, N. F., 13. Jg. (1961), S. 386 und 387.

*Heinen*, Edmund: Zum Begriff und Wesen der betriebswirtschaftlichen Investition, in: BFuP 9. Jg. (1957), S. 16—31 und 85—98.

— Das Zielsystem der Unternehmung. Grundlagen betriebswirtschaftlicher Entscheidungen, Wiesbaden (1966).

*Heister*, Matthias: Rentabilitätsanalyse von Investitionen. Ein Beitrag zur Wirtschaftlichkeitsrechnung, Köln und Opladen 1962.

*Herstein*, I. N. und John *Milnor*: An Axiomatic Approach to Measurable Utility, in: Econometrica Vol. 21 (1953), S. 291—297.

*Hicks*, J[ohn] R[ichard]: Value and Capital, Oxford (Nachdruck der 2. Aufl. von 1946) 1965.

*Higgins*, Benjamin: A Diagrammatic Analysis of the Supply of Loan Funds, in: Econometrica Vol. 9 (1941), S. 231—240.

*Hilgert*, Siegfried: Zur Berücksichtigung von Erträgen in Investitionsrechnungen, in: Der Betrieb 19. Jg. (1966), S. 81—84.

*Hirshleifer*, J[ack]: On the Theory of Optimal Investment Decision, in: JoPE Vol. 66 (1958), S. 329—352.

— Investment Decision under Uncertainty: Choice-Theoretic Approaches, in: QJoE Vol. 79 (1965), S. 509—536.

— Investment Decision under Uncertainty: Applications of the State-Preference Approach, in: QJoE Vol. 80 (1966), S. 252—277.

*Hitch*, Charles: Uncertainties in Operations Research, in: OR Vol. 8 (1960), S. 437—445.

*Hodges* J. L. und E. L. *Lehmann:* The Use of Previous Experience in Reaching Statistical Decisions, in: Annals of Mathematical Statistics Vol. 23 (1952), S. 396—407.

*Hurwicz*, Leonid: Theory of the Firm and of Investment, in: Econometrica Vol. 14 (1946), S. 109—136.

— Optimality Criteria for Decision Making under Ignorance, Cowles Commission Discussion Paper, Statistics Nr. 370, 1951; zitiert nach: Luce, Duncan R. und Howard Raiffa: Games and Decisions: Introduction and Critical Survey, New York—London—Sydney (1957), S. 282—284.

*Huth*, Helmut: Der Einfluß der Gewinnbesteuerung auf Investitionsneigung und Risikobereitschaft des Unternehmers, Diss. Frankfurt/Main 1967.

*Jacob*, H[erbert]: Neuere Entwicklungen in der Investitionsrechnung, in: ZfB 34. Jg. (1964), S. 487—507 und 551—594.

— Flexibilitätsüberlegungen in der Investitionsrechnung, in: ZfB 37. Jg. (1967), S. 1—34.

*Jacob*, Herbert: Zum Problem der Unsicherheit bei Investitionsentscheidungen, in: ZfB 37. Jg. (1967), S. 153—187.

*Jaensch*, Günter: Wert und Preis der ganzen Unternehmung, Köln und Opladen 1966.

— Das optimale Investitionsprogramm bei unsicheren Erwartungen, unveröff. Manuskript.

*Jeffreys*, Harold: Theory of Probability, Oxford 1939.

*Jöhr*, Walter Adolf: Theoretische Grundlagen der Wirtschaftspolitik, Bd. 2: Die Konjunkturschwankungen, Tübingen und Zürich 1952.

*Kade*, Gerhard: Unternehmerentscheidung bei vollkommener und unvollkommener Information, in: Jahrbücher für Nationalökonomie und Statistik Bd. 173 (1961), S. 65—77.

*Katona*, George: Psychological Analysis of Economic Behavior, New York— Toronto—London 1951.

— Rational Behavior and Economic Behavior, in: Psych.Rev. Vol. 60 (1953), S. 307—318.

*Kern*, Werner: Gestaltungsmöglichkeit und Anwendungsbereich betriebswirtschaftlicher Planungsmodelle, in: ZfhF, N. F., 14. Jg. (1962), S. 167—179.

— Die Empfindlichkeit linear geplanter Programme, in: Angermann, Adolf (Hrsg.): Betriebsführung und Operations Research, Frankfurt/Main 1963, S. 49—79.

*Keynes*, John Maynard: A Treatise on Probability, London 1921 ... deutsch ...: Über Wahrscheinlichkeit, übers. von F[riedrich] M. Urban, Leipzig 1926.

— The General Theory of Employment, Interest, and Money, London 1936.

*Kilger*, W[olfgang]: Kritische Werte in der Investitions- und Wirtschaftlichkeitsrechnung, in: ZfB 35. Jg. (1965), S. 338—353.

*Klinger*, Karl: Das Schwächebild der Investitionsrechnungen, in: Der Betrieb 17. Jg. (1964), S. 1821—1824.

*Kneale*, William: Probability and Induction, Oxford 1949.

*Knight*, Frank H.: Risk, Uncertainty, and Profit, (Boston und New York 1921) Reprint New York 1964.

*Koch*, Helmut: Zur Diskussion in der Ungewißheitstheorie, in: ZfhF, N. F., 12. Jg. (1960), S. 49—75.

— Probleme unternehmerischer Prognose, in: Wirtschaftsprognose und Wirtschaftsgestaltung, Bericht von der Internationalen Tagung der Sozialakademie Dortmund 1959, hrsg. von Hans Bayer, Berlin (1960), S. 57—81.

— Betriebliche Planung. Grundlagen und Grundfragen der Unternehmungspolitik, Wiesbaden (1961).

— Über eine allgemeine Theorie des Handelns, in: Festschrift zum 65. Geburtstag von Erich Gutenberg, hrsg. von Helmut Koch, Wiesbaden (1962), S. 367—423.

*Kosiol*, Erich: Modellanalyse als Grundlage unternehmerischer Entscheidungen, in: ZfhF, N. F., 13. Jg. (1961), S. 318—334.

*Kramer*, G[iselbert]: Entscheidungsproblem, Entscheidungskriterien bei völliger Ungewißheit und Chernoffsches Axiomensystem, in: Metrika Vol. 11 (1967), S. 15—38.

*Krelle*, Wilhelm: Theorie der wirtschaftlichen Verhaltensweisen, Meisenheim—Wien 1953.

*Krelle*, Wilhelm: Unsicherheit und Risiko in der Preisbildung, in: Zfdg-Staatsw. 113. Bd. (1957), S. 632—677; wiederabgedruckt in: Preistheorie, hrsg. von Alfred Eugen Ott, Köln—Berlin (1965), S. 390—433.

— A Theory on Rational Behavior under Uncertainty, in: Metroeconomica Vol. 11 (1959), S. 51—63.

— Linear Programming under Uncertainty, in: Churchman, C. West und Michel Verhulst (ed.): Management Sciences. Methods and Techniques, Vol. 1, New York—Oxford—London—Paris 1960, S. 289—294.

— Preistheorie, Tübingen und Zürich 1961.

— Optimale Entscheidungen bei Unsicherheit, in: Industrielle Organisation 30. Jg. (1961), S. 515—526.

*Kries*, Johannes von: Grundzüge einer kritischen und formalen Urteilslehre, Tübingen 1916.

— Die Principien der Wahrscheinlichkeitsrechnung. Eine logische Untersuchung, 2. Abdr., Tübingen 1927.

*Krüsselberg*, H[ans] G[ünter]: Ein Entwurf zur Entwicklung eines Verhaltensschemas der Investition (auf der Basis Shacklescher Konzeptionen), in: Economia Internazionale Vol. 16 (1963), S. 231—278.

*Lange*, Oscar: A Note on Innovations, in: Rev.Econ.Stud. Vol. 25 (1943), S. 19 bis 25.

— Price Flexibility and Employment, San Antonio, Texas (1945).

*Laßmann*, Gert: Unternehmung und unvollkommene Information (Besprechung des gleichnamigen Buches von W. Wittmann), in: BFuP 12. Jg. 1960), S. 243—247.

*Lewin*, K., T. *Dembo*, L. *Festinger*, P. S. *Sears*: Level of Aspiration, in: J. McV. Hunt (ed.): Personality and the Behavior Disorders, New York 1944, S. 333 bis 378.

*Lintner*, John: Diskussionsbeitrag zu Herbert A. Simon: New Developments in the Theory of the Firm (in: AER Vol. 52 [1962], Papers and Proceedings, S. 1—15), dortselbst S. 23—27.

*Lohmann*, Martin: Einführung in die Betriebswirtschaftslehre, 2. Aufl., Tübingen 1955.

*Loitlsberger*, Erich: Zum Informationsbegriff und zur Frage der Auswahlkriterien von Informationsprozessen, in: Empirische Betriebswirtschaftslehre, Festschrift zum 60. Geburtstag von Leopold L. Illetschko, hrsg. von Erich Loitlsberger, Wiesbaden (1963), S. 115—135.

*Luce*, Duncan R. und Howard *Raiffa*: Games and Decisions. Introduction and Critical Survey, New York—London—Sydney (1957).

*Lutz*, Friedrich und Vera: The Theory of Investment of the Firm, Princeton 1951.

*Madansky*, A[lbert]: Methods of Solution Linear-Programs under Uncertainty, in: OR Vol. 10 (1962), S. 463—471.

*Makower*, H[elen] und J[acob] *Marschak*: Assets, Prices and Monetary Theory, in: Economica N. S., Vol. 5 (1938), S. 261—288.

*March*, James G. und Herbert A[lexander] *Simon* (with the collaboration of Harold *Guetzkow*): Organization, New York—London (1958).

*Markowitz*, Harry [M.]: Portfolio Selection, in: JoF Vol. 7 (1952), S. 77—91.

— The Utility of Wealth, in: JoPE Vol. 60 (1952), S. 151—158.

*Markowitz*, Harry M.: Portfolio Selection. Efficient Diversification of Investments New York—London (1959).

*Marschak*, J[acob]: Money and the Theory of Assets, in: Econometrica Vol. 6 (1938), S. 311—325.

— Rational Behavior, Uncertain Prospects, and Measurable Utility, in: Econometrica Vol. 18 (1950), S. 111—141.

— Why „Should" Statisticians and Businessmen Maximize „Moral Expectation"?, in: Jerzy Neyman (ed.): Proceedings of the Second Berkeley Symposium on Mathematical Statistics and Probability, Berkeley und Los Angeles 1951, S. 493—506.

— Towards an Economic Theory of Organization and Information, in: Thrall, R[obert] M., C[lyde] H. Coombs, R[obert] L. Davis, (eds.): Decision Processes, London (1954), S. 187—220.

— Probability in the Social Sciences, in: Paul F. Lazarsfeld (ed.): Mathematical Thinking in the Social Sciences, 2. ed., Glencoe (Ill.) (1955), S. 166—215.

— Theory of an Efficient Several-Person Firm, in: AER Vol. 50 (1960), Papers and Proceedings, S. 541—548.

— Remarks on the Economics of Information, in: Contributions to Scientific Research, Berkeley (Cal.) 1960, wiederabgedruckt als Cowles Foundation Paper No. 146, New Haven (Conn.) 1960.

— Nutzenmessung und Wahrscheinlichkeit, in: Martin Shubik (Hrsg.): Spieltheorie und Sozialwissenschaften, übers. von Elisabeth und Reinhard Selten, ohne Ort und Jahr, S. 103—118.

*Marshall*, Alfred: Principles of Economics. An Introduction Volume, 7. ed., London 1916.

*Marx*, Werner: The Law of Diminishing Marginal Utility of Income, in: Kyklos Vol. 3 (1949), S. 254—272.

*Massé*, Pierre: Le Choix des Investissements. Critères et Méthodes, Paris 1959.

*McCall*, John J.: The Economic of Information and Optimal Stopping Rules, in: JoB Vol. 38 (1965), S. 300—317.

*Meinhold*, Helmut: Investitionen, in: HdSW 5. Bd., hrsg. von Erwin v. Beckerath u. a., Stuttgart—Tübingen—Göttingen 1956, S. 333—346.

*Menger*, Karl: Das Unsicherheitsmoment in der Wertlehre. Betrachtungen im Anschluß an das sogenannte Petersburger Spiel, in: ZfN Bd. 5 (1934), S. 459—485.

*Menges*, Günter: Das Entscheidungsproblem in der Statistik, in: Allgemeines Statistisches Archiv 42. Bd. (1958), S. 101—107.

— Kriterien optimaler Entscheidungen unter Ungewißheit, in: Statistische Hefte 4. Jg. (1963), S. 151—171.

— Gedanken zur Frage der Stabilität statistischer Entscheidungen, in: Statistik unserer Zeit, Festschrift zum 60. Geburtstag von Hans Kellerer, hrsg. von O[skar] Anderson (gleichzeitig Metrika Bd. 6 [1963]), Würzburg 1963, S. 84—94.

— Über Wahrscheinlichkeitsinterpretationen, in: Statistische Hefte 6. Jg. (1965), S. 81—96.

— Die Überwindung der Ungewißheit, in: Wissenschaft und Praxis, Festschrift zum zwanzigjährigen Bestehen des Westdeutschen Verlages 1967, Köln und Opladen (1967), S. 357—387.

*Menges*, Günter und Minaketan *Behara:* Einige grundsätzliche Betrachtungen über prozessuale Entscheidungen unter Ungewißheit, in: ZfhF, N. F., 14. Jg. (1962), S. 483—494.

*Merk*, Gerhard: Wahrscheinlichkeitstheorie und Investitionstheorie, in: Weltwirtschaftliches Archiv 81. Bd. (1958, 2), S. 66—79.

*Mertens*, Peter: Die Maßnahmen zur Verbesserung des Informationsstandes industrieller Betriebwirtschaften unter besonderer Berücksichtigung der organisatorischen Aspekte, Diss. Darmstadt 1961.

— Betriebliche Dokumentation und Information, Meisenheim am Glan 1965.

*Miller*, David W. und Martin K. *Starr:* Executive Decisions and Operations Research, Englewood Cliffs, N. J., (1960).

*Milnor*, John: Games Against Nature, in: Thrall, R[obert] M., C[lyde] H. Coombs, R[obert] L. Davis (eds.): Decision Processes, London (1954), S. 49 bis 59.

*Mises*, Richard von: Wahrscheinlichkeit, Statistik und Wahrheit, Wien 1928; 3. Aufl., Wien 1951.

*Modigliani*, Franco: Diskussionsbeitrag zu „Liquidity and Uncertainty", in: AER Vol. 39 (1949), Papers and Proceedings, S. 201—208.

*Modigliani*, Franco und Kalman J. *Cohen:* The Significance and Uses of Ex Ante Data, in: Bowman, Mary Jean (ed.): Expectation, Uncertainty, and Business Behavior, New York 1958, S. 151—164.

— The Role of Anticipations and Plans in Economic Behavior and Their Use in Economic Analysis and Forecasting, Illinois 1961.

*Morgenstern*, Oskar: On the Accuracy of Economic Observations, 2. ed., Princeton 1963; deutsch: ...: Über die Genauigkeit wirtschaftlicher Beobachtungen, übers. von E. Schlecht, Wien—Würzburg 1965.

— Die Theorie der Spiele und des wirtschaftlichen Verhaltens, in: Jahrbuch für Sozialwissenschaft Bd. 1 (1950), S. 113—139; wiederabgedruckt in: Oskar Morgenstern: Spieltheorie und Wirtschaftswissenschaft, Wien—München (1963), S. 71—110.

*Mosteller*, Frederick und Philip *Nogee:* An Experimental Measurement of Utility, in: JoPE Vol. 59 (1951), S. 371—404.

*Moxter*, Adolf: Methodologische Grundfragen der Betriebswirtschaftslehre, Köln und Opladen 1957.

— Der Einfluß von Publizitätsvorschriften auf das unternehmerische Verhalten, Köln und Opladen 1962.

— Bilanzierung und unsichere Erwartungen, in: ZfhF, N. F., 14. Jg. (1962), S. 607—632.

— Lineares Programmieren und betriebswirtschaftliche Kapitaltheorie, in: ZfhF, N. F., 15. Jg. (1963), S. 285—309.

— Grenzen der Verfahrensforschung (Operations Research) im betriebswirtschaftlichen Bereich, in: DÖB 13. Jg. (1963), S. 181—205.

— Präferenzstruktur und Aktivitätsfunktion des Unternehmers, in: ZfbF 16. Jg. (1964), S. 6—35.

— Offene Probleme der Investitions- und Finanzierungstheorie, in: ZbfF 17. Jg. (1965), S. 1—10.

*Müller-Groeling*, Hubertus: Maximierung des sozialen Gesamtnutzens und Einkommensgleichheit, Köln—Berlin—Bonn—München 1965.

*Musgrave,* Richard A[bel]: The Theory of Public Finance. A Study in Public Economy, New York—Toronto—London 1959.

*Myrdal,* Gunnar: Monetary Equilibrium, Glasgow 1939.

*Näslund,* Bertil: Mathematical Programming under Risk, in: The Swedish Journal of Economics 1965, S. 240—255.

— A Model of Capital Budgeting under Risk, in: JoB Vol. 39 (1966), S. 257 bis 271.

*Näslund,* Bertil und Andrew *Whinston:* A Model of Multi-Period Investment under Uncertainty, in: MS Vol. 8 (1962), S. 184—200.

*Neumann,* John v.: Zur Theorie der Gesellschaftsspiele, in: Mathematische Annalen Bd. 100 (1928), S. 295—320.

*Neumann,* John v. und Oskar *Morgenstern:* Theory of Games and Economic Behavior, Princeton 1944; 3. ed. Princeton 1953.

*Niehans,* Jürg: Zur Preisbildung bei ungewissen Erwartungen, in: Schweiz.-ZfVolksw.uStat. 84. Jg. (1948), S. 433—456.

— Ein neues Werk über ungewisse Erwartungen. Besprechung zu G. L, S. Shackle: Expectation in Economics, Cambridge 1949, in: Schweiz.Zf.-Volksw.u.Stat. 86 Jg. (1950), S. 365—369.

— Reflections on Shackle, Probability and our Uncertainty about Uncertainty, in: Metroeconomica Vol. 11 (1959), S. 74—88.

*Oberparleiter,* Karl: Funktionen- und Risikenlehre des Warenhandels, Wien 1930.

*Orth,* Ludwig: Die kurzfristige Finanzplanung industrieller Unternehmungen, Köln und Opladen 1961.

*Ott,* Alfred E[ugen]: Technischer Fortschritt, in: HdSW Bd. 10, hrsg. von Erwin v. Beckerath u. a., Stuttgart—Tübingen—Göttingen 1959, S. 302—316.

— Marktform und Verhaltensweise, Stuttgart 1959.

*Oźga,* Andrew S.: Expectations in Economic Theory, Chicago (1965).

*Pack,* Ludwig: Betriebliche Investition. Begriff — Funktion — Bedeutung — Arten, Wiesbaden (1959).

*Panne,* C. van de und W. *Popp:* Minimum-Cost Cattle Feed under Probabilistic Protein Constraints, in: MS Vol. 9 (1963), S. 405—430.

*Pfanzagl,* J[ohann]: Die axiomatischen Grundlagen einer allgemeinen Theorie des Messens, 2. Aufl., Würzburg 1962.

*Philipp,* Fritz: Risiko und Risikopolitik, Stuttgart 1967.

*Pigou,* A[rthur] C[ecil]: The Economics of Welfare, 3. ed., London 1929.

*Popper,* Karl R[aimund]: Logik der Forschung, 2. Aufl., übers. von Leonhard Walentik, Tübingen 1966.

*Preinreich,* Gabriel A. D.: Replacement in the Theory of the Firm, in: Metroeconomica Vol. 5 (1953), S. 68—86.

*Ramsey,* Frank Plumpton: Truth and Probability, in: ders.: The Foundations of Mathematics and Other Logical Essays, London 1931; wiederabgedruckt in: Henry E. Kyburg Jr. und Howard E. Smokler (eds.): Studies in Subjective Probability, New York—London—Sydney (1964), S. 61—92.

*Reichenbach,* Hans: Wahrscheinlichkeitslehre. Eine Untersuchung über die logischen und mathematischen Grundlagen der Wahrscheinlichkeitsrechnung, Leiden 1935.

*Richardson,* G. B.: Information and Investment (London) 1960.

*Roy*, A[ndrew] D[onald]: Safety First and the Holding of Assets, in: Econometrica Vol. 20 (1952), S. 431—449.

— On Choosing between Probability Distributions, in: Rev.Econ.Stud. Vol. 22 (1954/55), S. 194—202.

— Risk and Rank or Safety First Generalised, in: Economica Vol. 23 (1956), S. 214—228.

*Sandig*, Curt: Gewinn und Sicherheit in der Betriebspolitik. Das Treiben und Bremsen im Betriebe, in: ZfB 10. Jg. (1933), S. 349—360.

*Sauermann*, Heinz und Reinhard *Selten*: Anspruchsanpassungstheorie der Unternehmung, in: ZfdgStaatsw. 118. Bd. (1962), S. 577—597.

*Savage*, Leonard J.: The Theory of Statistical Decisions, in: JoAm.Stat.Ass. Vol. 46 (1951), S. 55—67.

— The Foundations of Statistics New York—London (1954).

*Schätzle*, Gerhard: Forschung und Entwicklung als unternehmerische Aufgabe, Köln und Opladen 1965.

*Schindler*, Heinz: Investitionsrechnungen in Theorie und Praxis, Meisenheim am Glan 1958.

*Schlaifer*, Robert: Probability and Statistics for Business Decisions. An Introduction to Managerial Economics under Uncertainty, New York—Toronto—London 1959.

*Schmalenbach*, Eugen: Kapital, Kredit und Zins in betriebswirtschaftlicher Beleuchtung, 2. Aufl., Köln und Opladen (1949).

*Schmidt*, Klaus: Technischer Fortschritt und Unternehmungsrisiko, Diss. Hamburg 1965.

*Schneeweiß*, Hans: Ein allgemeines Schema des stochastischen Programmierens, in: Statistische Hefte 3. Jg. (1962), S. 131—157.

— Nutzenaxiomatik und Theorie des Messens, in: Statistische Hefte 4. Jg. (1963), S. 178—220.

— Das Grundmodell der Entscheidungstheorie, in: Statistische Hefte, N. F., 7. Jg. (1966), S. 125—137.

— Entscheidungskriterien bei Risiko, Berlin—Heidelberg—New York 1967.

*Schneider* D[ieter]: Zur Theorie unternehmerischer Investitionsentscheidungen bei unsicheren Erwartungen, in: ZfhF, N. F., 12. Jg. (1960), S. 85—88.

— Die wirtschaftliche Nutzungsdauer von Anlagegütern als Bestimmungsgrund der Abschreibungen, Köln und Opladen 1961.

*Schneider*, Erich: Einführung in die Wirtschaftstheorie, 2. Teil: Wirtschaftspläne und wirtschaftliches Gleichgewicht in der Verkehrswirtschaft, 9. Aufl., Tübingen 1964.

— Wirtschaftlichkeitsrechnung. Theorie der Investition, 2. Aufl., Tübingen 1957.

— Kritisches und Positives zur Theorie der Investition, in: Weltwirtschaftliches Archiv Bd. 98 (1967), S. 314—348.

*Schneider*, Helmut: Der Einfluß der Steuern auf die unternehmerischen Investitionsentscheidungen, Tübingen 1964.

*Schumpeter*, Joseph: Theorie der wirtschaftlichen Entwicklung. Eine Untersuchung über Unternehmergewinn, Kapital, Kredit, Zins und den Konjunkturzyklus, 2. Aufl., München und Leipzig 1926.

*Schwarz*, Horst: Zur Bedeutung und Berücksichtigung nicht oder schwer quantifizierbarer Faktoren im Rahmen des investitionspolitischen Entscheidungsprozesses, in: BFuP 12. Jg. (1960), S. 686—698.

— Die Bedeutung der Forschung und Entwicklung für die Investitionspolitik, in: Deutsche Gesellschaft für Betriebswirtschaft (Hrsg.): Wirtschaftlich führen — Wirtschaftlich investieren. Vorträge des 13. Deutschen Betriebswirtschafter-Tages, Berlin 1960, S. 350—364.

— Ungewißheitstheorien und ihre Bedeutung für Ertragsschätzungen im Rahmen von Investitionsrechnungen, in: BFuP 15. Jg, (1963), S. 551—572.

— Optimale Investitionsentscheidungen, München (1967).

*Scitovsky*, T[ibor] de: A Note on Profit Maximisation and its Implications, in: Rev.Econ.Stud. Vol. 11 (1943/44), S. 57—60.

*Seidenfus*, H[ellmuth] St[efan]: Zur Theorie der Erwartungen, in: John Maynard Keynes als „Psychologe", hrsg. von G[ünter] Schmölders, H[ellmuth] St[efan] Seidenfus, R[udolf] Schröder, Berlin (1956), S. 97—162.

*Shackle*, G[eorge] L[ennox] S[harman]: Expectation in Economics, 2. ed., Cambridge 1952.

— Uncertainty in Economics and other Reflections, Cambridge 1955.

— Time in Economics, Amsterdam 1958.

— Decision Order and Time in Human Affairs, Cambridge 1961.

— The Nature of Economic Thought, Cambridge 1966.

*Shubik*, Martin: Information, Risk, Ignorance and Indeterminacy, in: QJoE Vol. 68 (1954), S. 629—640.

*Simon*, Herbert A[lexander]: Some Strategic Considerations in the Construction of Social Science Models, in: Paul F. Lazarsfeld (ed.): Mathematical Thinking in the Social Sciences, 2. ed., Glencoe (Ill.) (1955), S. 388—415.

— Administrative Behavior. A Study of Decision-Making Process in Administrative Organization, 2. ed., New York 1957.

— Models of Man. Social and Rational, New York—London—Sydney (1957).

— The Role of Expectations in an Adaptive or Behavioristic Model, in: Bowman, Mary Jean (ed.): Expectations, Uncertainty, and Business Behavior, New York 1958, S. 49—58.

— Theories of Decision-Making in Economics and Behavioral Science, in: AER Vol. 49 (1959), S. 253—283.

*Smith*, Adam: An Inquiry into the Nature and Causes of the Wealth of Nations, Vol. 1, Nachdruck der 6. Aufl., London 1899.

*Sonderegger*, Fritz: Das Prinzip der Erhaltung der Unternehmung als Grundproblem der modernen Betriebswirtschaftslehre, Bern 1950.

*Stadler*, Max: Studien aus der Theorie des Risikos, Wien 1932.

*Stigler*, George J.: The Economics of Information, in: JoPE Vol. 69 (1961), S. 213—225.

*Stockfisch*, J. A.: Uncertainty, the Capitalization Theory, and Investment Behavior, in: Metroeconomica Vol. 7 (1955), S. 73—84.

*Streißler*, Erich: Shackle and the Theory of Risk, in: ZfN Bd. 18 (1958), S. 208 bis 222.

*Stützel*, Wolfgang: Entscheidungstheoretische Elementarkategorien als Grundlage einer Begegnung von Wirtschaftswissenschaft und Rechtswissenschaft, in: Das Verhältnis der Wirtschaftswissenschaft zur Rechtswissenschaft,

Soziologie und Statistik. Verhandlungen auf der Arbeitstagung des Vereins für Socialpolitik in Würzburg 1963, hrsg. von Ludwig Raiser, Heinz Sauermann, Erich Schneider, Berlin 1964, S. 27—50.

*Suppes*, Patrick: The Role of Subjective Probability and Utility in Decision-Making, in: Jerzy Neyman (ed.): Proceedings of the Third Berkeley Symposium on Mathematical Statistics and Probability, Vol. 5, Berkeley und Los Angeles 1956, S. 61—73.

*Swoboda*, Peter: Die Ermittlung optimaler Investitionsentscheidungen durch Methoden des Operations Research. Eine Stellungnahme zum Aufsatz von Horst Albach: „Rentabilität und Sicherheit als Kriterien betrieblicher Investitionsentscheidungen", in: ZfB 31. Jg. (1961), S. 96—103.

*Telser*, Lester G.: Safety First and Hedging, in: Rev.Econ.Stud. Vol. 23 (1955/56), S. 1—16.

*Terborgh*, George: Dynamic Equipment Policy, New York—Toronto—London 1949.

— Business Investment Policy. A MAPI Study and Manuel, Washington (1958).

*Theil*, H[enri]: Some Reflections on Static Programming, in: Weltwirtschaftliches Archiv Bd. 87 (1961), S. 124—138.

— Optimal Decision Rules for Government and Industry, Amsterdam 1964.

*Tinbergen*, J[an]: The Notions of Horizon and Expectancy in Dynamic Economics, in: Econometrica Vol. 1 (1933), S. 247—264.

*Tintner*, Gerhard: The Theory of Choice under Subjective Risk and Uncertainty, in: Econometrica Vol. 9 (1941), S. 298—304.

— The Pure Theory of Production under Technological Risk and Uncertainty, in: Econometrica Vol. 9 (1941), S. 305—312.

— A Contribution to the Non-Static Theory of Choice, in: QJoE Vol. 56 (1942), S. 274—306.

— The Theory of Production under Nonstatic Conditions, in: JoPE Vol. 50 (1942), S. 645—667.

— A Contribution to the Nonstatic Theory of Production, in: Studies in Mathematical Economics and Econometrics, Gedächtnisband für Henry Schultz, hrsg. von Oscar Lange, Francis McIntyre und Theodore O. Yntema, Chicago 1942, S. 92—109.

— Ein Beitrag zur nicht-statischen Werttheorie, in: ZfN Bd. 14 (1954), S. 358 bis 365.

*Tobin*, James: Diskussionsbeitrag zu „Liquidity and Uncertainty", in: AER Vol. 39 (1949), Papers and Proceedings, S. 208—210.

*Vietoris*, Leopold: Wie kann Wahrscheinlichkeit definiert werden?, in: Studium Generale Jg. 4 (1951), S. 69—72.

*Viner*, Jacob: The Utility Concept in Value Theory and its Critics, in: JoPE Vol. 33 (1925), S. 369—387 und 638—659.

*Waerden*, B[artel] L[eendert] van der: Der Begriff der Wahrscheinlichkeit, in: Studium Generale Jg. 4 (1951), S. 65—68.

*Wald*, Abraham: Statistical Decision Functions which Minimize the Maximum Risk, in: Annals of Mathematics Vol. 46 (1945), S. 265—280.

— Statistical Decision Functions, New York—London (1950).

*Walther*, Alfred: Einführung in die Wirtschaftslehre der Unternehmung, 2. Bd.: Die Unternehmung, Zürich 1953.

*Weber*, Wilhelm und Erich *Streißler:* Erwartungen, Unsicherheit und Risiko, in: HdSW 3. Bd., hrsg. von Erwin von Beckerath u. a., Stuttgart—Tübingen—Göttingen 1961, S. 330—339.

— Nutzen, in: HdSW 8. Bd., hrsg. von Erwin von Beckerath u. a., Stuttgart—Tübingen—Göttingen 1964, S. 1—19.

*Weckstein*, R[ichard] S.: On the Use of the Theory of Probability in Economics, in: Rev.Econ.Stud. Vol. 20 (1952/53), S. 191—198.

—Probable Knowledge and Singular Acts, in: Metroeconomica Vol. 11 (1959), S. 104—118.

*Wittmann*, W[aldemar]: Ungewißheit und Planung, in: ZfhF, N. F., 10. Jg. (1958), S. 499—510.

— Unternehmung und unvollkommene Information, Köln und Opladen 1959.

— Bemerkungen zu G. Kade: „Unternehmerentscheidung bei vollkommener und unvollkommener Information", in: Jahrbücher für Nationalökonomie und Statistik Bd. 174 (1962), S. 61—65.

*Wöhe*, Günter: Methodologische Grundprobleme der Betriebswirtschaftslehre, Meisenheim am Glan 1959.

*Wright*, Robert W.: Investment Decision in Industry, London 1964.

MIX
Papier aus verantwortungsvollen Quellen
Paper from responsible sources
FSC® C105338

Printed by Libri Plureos GmbH
in Hamburg, Germany